Berit Anders

Ich heiße Berit und habe eine Borderline-Störung

Berit Anders

Ich heiße Berit und habe eine Borderline-Störung

Protokoll einer Selbstfindung

Mit einem Vorwort und einem Nachtrag von
Heinz-Peter Röhr

Walter Verlag Zürich und Düsseldorf

Die Deutsche Bibliothek – CIP-Einheitsaufnahme

Anders, Berit
Ich heiße Berit und habe eine Borderline-Störung/Berit Anders. –
Zürich; Düsseldorf: Walter. 1999
ISBN 3-530-40067-X

Satz: Josefine Urban – KompetenzCenter, Düsseldorf
Druck und Bindung: Grafo s. a. E-Basauri
ISBN 3-530-40067-X

Wahrscheinlich brauchst du keine Koryphäe,
um zu genesen,
sondern einfach jemanden,
der sich mit dir
und mit dem du dich
zurechtfindest.

Tilmann Moser: «Kompaß der Seele»

Inhalt

Vorwort

Das «Protokoll einer Selbstfindung» von Berit Anders löst einen Sog aus, der zum Weiterlesen zwingt. Wer selbst an einer Borderline-Störung leidet, wird sich in vielen der beschriebenen Erfahrungen wiederfinden. Mir fielen sofort einige meiner Patientinnen und Patienten ein, denen ich das Buch zur Lektüre geben wollte. Angehörige werden ein tieferes Verständnis entwickeln für das oft schwer einfühlbare Verhalten der Betroffenen.

Die prägnanten Tagebuchaufzeichnungen beschreiben den Weg der Autorin aus ihrem inneren Chaos. Trotz Sucht, Hoffnungslosigkeit und tiefer Depression gibt sie den Kampf nicht auf. Immer wieder findet sich ein verzweifeltes Aufbäumen gegen innere Kräfte, die stärker sind als sie selbst, die sie wieder und wieder überrollen. Mit ungeheurem Mut unternimmt sie immer neue, verzweifelte, scheinbar erfolglose Anläufe, das eigene Leben zu finden und die Schatten der Vergangenheit zurückzulassen. Wir begegnen über weite Strecken des Buches einem Menschen, der innerlich zerrissen ist und zutiefst an sich selbst leidet, der oft erkennen kann, wie er sein könnte, aber nicht er selbst zu sein vermag. Das, was vielfach aussieht wie ein Nichtwollen, ist in Wirklichkeit ein Nichtkönnen, da es keinen wirklichen Ausweg zu geben scheint.

Ich kenne nur wenige Schilderungen, die das Leben mit einer Borderline-Störung so glaubwürdig und ergreifend wiedergeben und die positive Persönlichkeitsentwicklung beschreiben,

die möglich ist, wenn vor dem scheinbar übermächtigen Schicksal nicht resigniert wird. Dies macht die Aufzeichnung so wertvoll. Sicher ist der beschriebene Weg nicht der einzig mögliche. Betroffene finden hier jedoch eine Menge wichtiger Informationen. – Leider ist die Zahl derer, die gleiches oder ähnliches erleben müssen, nicht gering und nimmt nach Beobachtungen von Experten ständig zu. Solch ermutigende und motivierende Texte können psychotherapeutische Prozesse wirkungsvoll unterstützen. In diesem Sinne kann das Buch von Berit Anders als eine Bibliotherapie verstanden werden.
Lesenswert ist es aber auch für Fachleute, denn Ärzte und Psychotherapeuten begegnen nur zu oft Patienten in extrem schwierigen, mitunter aussichtslos erscheinenden Situationen. Die Reaktion der professionellen Helfer kann dabei sehr unterschiedlich sein, dies wird auch in den Ausführungen von Berit Anders deutlich. Menschen, die bereits sehr früh insbesondere von den nächsten Bezugspersonen, Vater und Mutter, abgelehnt, mißbraucht und mißhandelt werden, tragen die Tendenz in sich, das ursprüngliche Leid zu wiederholen. Nicht selten erfahren sie durch Unverständnis oder Überforderung der Therapeuten erneut Verachtung und Ablehnung – ihr Drama findet in der Therapie eine Fortsetzung. Sie unterliegen so lange dem Zwang der Wiederholung, bis das tiefe Leid ans Tageslicht kommen darf und bearbeitet werden kann. Berit Anders hat schließlich einen Therapeuten gefunden, der ihr den dazu notwendigen Rahmen zu bieten vermochte. Die sich dann langsam entwickelnde therapeutische Beziehung ist lebensrettend, und die Zuneigung der Autorin zu dem Therapeuten und ihre große Dankbarkeit schwingen mitunter im Text mit.

Eine ebenso große Bedeutung für den Selbstfindungsprozeß wie der Beziehung zu ihrem Therapeuten muß den Zwölf-Schritte-Selbsthilfegruppen zugemessen werden, insbesondere derjenigen für Menschen mit Borderline-Störung. Hier ist Berit Anders Menschen begegnet, die durch ähnliche traumatische Kindheitserfahrungen geprägt sind und gleichartige Schwierigkeiten haben, im «normalen» Leben zu bestehen. Das Verstandenwerden von Menschen mit vergleichbarem Schicksal hat in sich schon eine heilende Wirkung. Dazu fügt sich die halt- und sinngebende Philosophie des Zwölf-Schritte-Programms, mit der sich die Autorin in großer Ehrlichkeit auseinandersetzt.

Im Anhang finden interessierte Leser einige Informationen zur Borderline-Störung, zum sexuellen Mißbrauch, zur Kindsmißhandlung aus psychologischer Sicht sowie zum Zwölf-Schritte-Programm. Sie sollen es ihnen ermöglichen, die persönlichen Aufzeichnungen von Berit Anders in den größeren Zusammenhang des Borderline-Syndroms einzubetten.

Heinz-Peter Röhr

Protokoll einer Selbstfindung

1. Teil

1

Ich stehe auf dem S-Bahnsteig –
Die Schienen ziehen mich magisch an. Ich muß nur einen Schritt tun – es ist ganz einfach – nur einen Schritt –
In mir verwirrt sich alles. Der Zug muß gleich kommen. Mein Kopf. Nur einen Schritt –
Ich bin wie an einem Faden, an dem ich gezogen werde –
Und dann ist Panik da. Irgendwie schaffe ich den Weg ins Krankenhaus, Abteilung Psychiatrie, und erzähle die Sache mit den Schienen. Ich rede und rede, in mir läuft alles durcheinander. Und weine, ohne aufhören zu können. Ich habe seit vielen Jahren nicht geweint.
Ich soll dableiben. Ich will nicht dableiben. Wenn sich das wiederholt mit den Schienen, soll ich wiederkommen.
Ich gehe und vergesse die Sache mit den Schienen.

Mein Alltag geht weiter. Ich bin daran gewöhnt, mich schlechtzufühlen. Und an die Ängste, die mich beim Aufwachen überfallen.
Ich bemühe mich, die ständigen Halsschmerzen und das Gefühl, etwas wegschlucken zu müssen, zu ignorieren. Ich habe das schon seit langer Zeit. Ich habe aufgehört, deswegen von Arzt zu Arzt zu laufen, es gibt keinen Befund. Und die Tabletten helfen ja, ich kann es damit regulieren.
Mein Alltag geht weiter. Wenn ich mich besonders schlechtfühle, nehme ich etwas mehr von den Tabletten.

2

Ich bin mit einer Freundin nach Spanien gefahren.
Die Hitze setzt mir zu. Die Halsschmerzen sind sehr stark.
Zwei Tage Barcelona und dort überlegen, ob ich zurückfahre.
Die «Sagrada Familia» und die anderen bizarren Gebäude von Antoni Gaudí spulen sich wie ein Film ab. Dann fahren wir weiter.

Die Halsschmerzen sind jetzt so stark, daß ich manchmal glaube, ersticken zu müssen. Es macht mir angst. Ich hatte gehofft, daß die Sonne und das Meer mir guttun würden.
Die Tabletten werden nicht reichen.
Ich breche den Urlaub in Spanien ab.

3

Die weißen Wände. Das weiße Bett. Der Blick aus dem Fenster. Der Himmel – ich kann nicht unterscheiden, ob er grau oder blau ist, ich bin weit weg. Das Leben ist weit weg, es ist irgendwo da draußen. Ich bin zur Kur geschickt worden. Zur Psychotherapie. Die Halsschmerzen sind psychosomatisch.
Ich bin verunsichert. Zum ersten Mal in meinem Leben habe ich geschrien. Und wie von Sinnen auf das scheußliche gehäkelte Kissen des Therapeuten eingeschlagen. Immer wieder. Er hat mich in einer Körperhaltung stehen lassen, bei der das Schreien nach kurzer Zeit aus mir herausgebrochen ist. Ich habe geschrien und getobt und bin auf dem Boden herumgerutscht. Immer auf das Kissen einschlagend. An den blauen Flecken kann ich sehen, wie groß meine Wut war.
Es wiederholt sich jedesmal, wenn ich bei ihm bin. Immer

wieder schreie ich, und die Wut ergreift von mir Besitz. Abends im Bett wird mein Körper oft noch geschüttelt, und die restlichen Spannungen lösen sich in Zuckungen auf. Danach schlafe ich tief ein.

Allmählich rückt das Leben näher. Der Vogel draußen auf dem Baum ist zum Greifen nah. Die Hitze des Hochsommers dringt durch das offene Fenster. Draußen ist das normale Leben. Hier in der Klinik findet ein anderes Leben statt.
Ein kurzes Flattern, und der Vogel fliegt davon.

Nach sechs Wochen schließt sich die Kliniktür hinter mir, und ich bin wieder draußen im Leben.
Ich bin verunsichert. Auf was habe ich eingeschlagen, wenn nicht auf das Kissen des Therapeuten? Ich weiß es nicht. Und er hat es mir nicht gesagt.
Es sind auf einmal so viele Fragen offen.

4

Ich arbeite wieder. Es geht mir gut. Geht es mir gut? Ich weiß nur, daß ich die Stadt verlassen werde. Ich will etwas Neues machen. Etwas Besseres. Etwas besser machen. Ich werde die Beziehung, in der ich hänge, beenden. Es wird alles besser werden, ich verlasse die Stadt und mein bisheriges Leben.

Meine erste Frauenbeziehung fällt mir ein. Damals habe ich auch die Stadt verlassen. Es ist lange her –
Nach diversen Männerbeziehungen verliebe ich mich damals in eine Frau und glaube, glücklich zu sein. Sehr bald bekom-

me ich zu spüren, daß ich außerhalb der von der Gesellschaft akzeptierten Normen lebe. Ich verliere meine Arbeit und habe Angst, auch meine Wohnung zu verlieren. Und ziehe mich aus Trotz und Verletztheit in die Welt der in irgendeiner Form über ihr Anderssein Gestrauchelten zurück. In die Welt der Schwulen, Transsexuellen, Dirnen, lesbischen Frauen und Strichjungs. In eine Welt von Ver-rückten – Männern, die wie Frauen, und Frauen, die wie Männer sind. In eine Welt von Unglück. Und von Alkohol und Drogen.
Ich weiß damals nicht mehr, wo ich hingehöre.

Am Anfang dieser Beziehung scheint diese Frage beantwortet zu sein, doch sehr bald scheitern wir an unserer Verschiedenartigkeit. Und bleiben noch viele Jahre zusammen. Dann laufe ich davon.
In den Jahren, die folgen, wird die Sehnsucht nach Zusammenleben immer mehr zerstört von der Angst vor Berührung. Als ich mich noch einmal verliebe, wird daraus eine zerstörerische Beziehung.
Diese Beziehung löse ich nun.

5

Ich habe die Stadt verlassen.
Es ist alles besser. Die Arbeit ist besser. Und auch die Halsschmerzen sind besser. Der Rest läßt sich mit den Tabletten gut ausgleichen.
Die Arbeit macht mir Spaß. Sie ist sehr anspruchsvoll und verlangt meinen ganzen Einsatz, um so gut zu sein, wie ich bin. Es geht mir gut.

Nur das Gefühl, auf einem schmalen Grat zu laufen und jederzeit abstürzen zu können, ist geblieben.

6

Es fing doch alles so gut an. Was ist dazwischengekommen? Ich habe plötzlich Angst, Fehler zu machen. Sie läßt mich auch nachts nicht zur Ruhe kommen. Bin ich gut genug für diese Arbeit? Ich weiß es nicht –

Die Angst, Fehler zu machen, wird zur Panik. Die Angst, nicht mehr schlafen zu können, läßt mich nicht mehr schlafen. Die Tabletten helfen nicht mehr. Auch die doppelte Menge nicht. Die Angst treibt mich. Wie ist es möglich, daß ich so ins Schleudern geraten bin? Es fing doch so gut an.

Es wird mir alles zuviel. Das ganze Leben wird mir zuviel. Ich weiß nicht, wie mein Leben sein müßte, daß es mir nicht mehr zuviel würde.
War überhaupt jemals in meinem Leben etwas in Ordnung? Warum bin ich so ins Schleudern geraten? Es sind so viele Fragen offen.

7

Wie bin ich auf diese geschlossene Psychiatriestation gekommen – ich wollte doch nur nicht allein zu Hause sein?
Ich bin auf die geschlossene Station gekommen, weil ich einem Arzt gesagt habe, daß ich mich am liebsten umbringen würde.

Der Raum ist groß. Er ist wie ein Glaskasten – von außen einzusehen. Bett an Bett.
Ich habe mein Bett zwischen Halbverrückten und Ganzverrückten. Beim Essen treffe ich die weniger Verrückten, die auch irgend etwas hierhergebracht hat. So wie mich. Sie haben ihre Betten in den kleineren Zimmern.
Es ist ziemlich schlimm hier. Die Stationsschwester sagt, ich gehörte hier nicht her. Ich will auch so schnell wie möglich wieder weg von hier. Und dann bekomme ich Angst vor dem «Wieder weg». Und dann will ich wieder weg. Und dann kommt wieder die Angst.
Wenn ich hier nicht hergehöre – wo gehöre ich dann hin? Ich brauche Hilfe. Ich weiß nicht, was mit mir ist. Ich weiß nur, daß es mir entsetzlich schlechtgeht.

Nach ein paar Tagen komme ich in ein kleineres Zimmer zu den weniger Verrückten.
Der Stationsarzt unterhält sich oft mit mir über Literatur – ich lese gerade den «Wendekreis» von Klaus Mann. Und über Musik. Ich spüre sein Irritiertsein, ich wirke so normal in der Unterhaltung. Irgendwann fragt er nach.
Wie erklärt man einen Alptraum, während man ihn träumt?

8

Ich bin wieder «draußen». Mit den Tabletten kann ich mich einigermaßen im Gleichgewicht halten. Aber ich kann nicht arbeiten – der Gedanke daran löst weiterhin Angst aus. Und Depressionen.
Depressionen habe ich vor vielen Jahren schon einmal gehabt.

Ganz plötzlich. Und starke Ängste, bei denen ich hyperventiliert habe. Atemblockaden habe ich manchmal noch, aber ich kann sie abfangen.
Damals habe ich viele Spritzen bekommen, und der Arzt hat gesagt, daß ich hysterisch wäre. Er hat das Wort abfällig gebraucht – so wie es Leute gebrauchen, die seine eigentliche Bedeutung nicht kennen.
Es war dann alles irgendwann wieder vorbei. Ich hatte es vergessen.

9
Ich bin freiwillig in einer psychosomatischen Klinik. Vielleicht kann mir hier jemand helfen.
Ich bin aus Verzweiflung in einer psychosomatischen Klinik. Weil ich keinen Weg sehe, allein aus dem Alptraum, in dem ich mich befinde, wieder herauszukommen.

Der Therapeut ist nett. Er hat schöne Augen. Was er sagt, läuft an mir vorbei. Ich bin weit weg. Ich habe das Gefühl, daß es mir von Tag zu Tag schlechtergeht.
Irgendwann fragt er plötzlich, ob ich Angst vor seinem Penis hätte? Ich bin weit weg –
Ich sage nein.

Der Therapeut ist sogar noch nett, als ich auf dem Boden hocke und schreie. Ich befinde mich auf einer drehenden Scheibe, und das Gespenst meiner Kinderträume wird riesengroß und greift nach mir. Der Mann mit dem schwarzen Umhang, dem schwarzen Schlapphut und ohne Gesicht greift nach mir. Ich hatte ihn längst vergessen. Ich schreie. Der Therapeut hält einen Augenblick lang meine Hand. Der Kinderalptraum schrumpft zusammen und mit ihm die Bedrohung.

Wenn das noch mal vorkommt mit dem Schreien, muß ich in die Psychiatrie, sagt der Therapeut beim nächsten Mal.
In mir verschließt sich etwas. Es wird nicht noch mal vorkommen – ich weiß auch nicht, warum ich geschrien habe.
Ich bekomme Tabletten. Und später dann die Mitteilung, daß ich nicht in der Klinik bleiben kann.

10

Die Familie nimmt mich auf. Mein Bruder und seine Frau. Ich fühle mich schuldig, daß es mir so schlechtgeht. Der Frau meines Bruders bin ich unheimlich. Ich spüre es. Meinem Bruder auch. Aber er kann das besser verbergen. Und er zeigt nicht so, daß er erwartet, daß es mir bessergeht. Ich fühle mich schuldig, daß es mir nicht bessergeht.

Einmal in der Woche verschreibt mir ein Psychiater die Tabletten und verlängert meine Krankmeldung.
Ich nehme so viele Tabletten – warum geht es mir nicht besser?

11

Als ich aus dem Bett aufstehen will, falle ich auf den Boden. Ich bin benommen. Wie bin ich hierhergekommen?

Ich erinnere mich langsam wieder: Wie ich anfing, im Kreis zu laufen. Ohne aufhören zu können. Morgens beim Anziehen. Immer im Kreis herum, ich konnte es nicht unterbrechen. Ein Teil von mir stand daneben und sah zu.
Ich konnte auch das Schreien im Wartezimmer nicht unterbrechen. Der Arzt war wütend, aber ich konnte nicht aufhören. Es schrie.

Die Ärztin auf der geschlossenen Station hier war nicht wütend, als ich bei der Aufnahme geschrien habe. Sie hat mich an die Hand genommen und ist mit mir in den kleinen abgeschlossenen Garten gegangen. Und hat mich vieles gefragt. Das Schreien hat aufgehört.

Warum geht es mir so schlecht? Glaubt man mir das überhaupt? Die Schwestern sagen, daß ich nicht hierhergehöre.
Dem Stationspsychologen erkläre ich meinen Zustand, so gut ich kann.
Er sagt, daß er mich so normal findet.
Ich habe es nicht gut erklären können –

Ich soll auf eine offene Station verlegt werden und gerate in Panik, ich will hier nicht weg. Ich darf bleiben, und wenn ich nach draußen will, wird mir die Tür aufgeschlossen.
Es ist Sommer. Ich lege mich auf die Wiese am Fluß. Zu den Menschen dort in der Sonne. Keiner sieht mir an, wo ich herkomme und wohin ich zurückgehe. Ich werde braun. Als ob ich im Urlaub war.

Die Medikamente helfen endlich, ich habe das Gefühl, daß ich wieder draußen leben kann. Auch wenn ich nicht weiß, wie das gehen soll.
Ich werde in diese Ungewißheit hinein entlassen. Ich soll mal ein Kärtchen schreiben, wie es mir geht.
Ich habe nicht geschrieben. Aber die Ärztin nicht vergessen.

Ich versuche Auto zu fahren. Ich darf mit den Medikamenten nicht Auto fahren, sie haben es mir gesagt. Ich versuche es, langsam und sehr konzentriert. Ich werde die zweihundert Kilometer bis zu meinem Wohnort fahren. Ich weiß, ich muß fahren, wenn ich mein Leben wieder in den Griff bekommen will.

12

Es scheint alles wieder in Ordnung zu sein.
Ich arbeite wieder, und das Vergangene erscheint mir manchmal wie ein schlechter Traum – wie ein Alptraum, der immer blasser wird. Ich nehme kaum noch Medikamente. Es ist, als ob es den Horror nie gegeben hätte. Ob das vorüber ist? Ich möchte es glauben.

Es scheint alles wieder in Ordnung zu sein, es ist alles wieder wie vor langer Zeit.
Nur ab und zu erinnern die Halsschmerzen noch an den Alptraum. Und manchmal habe ich morgens beim Aufwachen Angst und weiß nicht, warum.

13

Ich nehme an einer Gruppe für Menschen mit seelischen Problemen teil. Auch wenn ich nicht weiß, was ich für Probleme habe. Es sind nur die Ängste –

In der Gruppe sagen sie, daß ich meine Gefühle rauslassen soll. Wie mache ich das? Ich fühle nichts. Ich kann nicht rauslassen, was nicht da ist. Sie reden auf mich ein. Ihre Worte treiben mich in die Enge. Mich packt Angst, und ich schreie. Mich packt Wut, und ich schreie. Ich schreie und schreie. Und weiß nicht, warum.

Fast jedesmal schreie ich in der Gruppe.

Ob ich nicht noch mal eine stationäre Therapie machen will? Ich will in keine Klinik mehr.

Fast jedesmal schreie ich, und ich weiß nicht warum. Dann entschließe ich mich, noch einmal in eine Klinik zu gehen.

14

Der Therapeut sagt nichts, als ich rede. Weine. Rede. Weine. Rede. Ich bin wie in Trance. Er sieht mich nur an. Auch beim nächsten Gespräch und auch beim dritten sagt er nichts. Ich würde so gern wissen, was mit mir ist, warum es mir immer wieder so furchtbar schlechtgeht. Vielleicht soll ich das hier selber rausfinden. Aber ich würde so sehr brauchen, daß er etwas sagt. Irgend etwas. Ich rede und rede und weine aus Verzweiflung –

Und habe plötzlich das Gefühl, einer Wand etwas zu erzählen. Die Erkenntnis: Er ist nicht mehr da. Er sieht mich an, aber er

hat mich längst abgeschrieben. Ich existiere nur noch auf seiner Patientenliste.
Ich rede und weine nicht mehr. Ich entziehe mich innerlich allem.

Wie soll mir jemand helfen können, wenn ich nichts sage? Wie soll ich etwas sagen, wenn ich nicht weiß, was ist? Wenn ich nur weiß, daß es mir entsetzlich schlechtgeht.
Meine Verzweiflung wird so groß, daß ich einen anderen Therapeuten um Hilfe bitte.

Er sitzt mir gegenüber und sieht schön aus. Er sieht nicht immer schön aus, manchmal ist er nur groß und dünn. Er stellt Fragen. Ich konzentriere mich darauf, zu antworten. Die Dinge, die er sagt, verstehe ich nicht. Ich schreibe sie mir hinterher auf, vielleicht helfen sie mir ja irgendwann weiter. Seinen Satz «Ich glaube nicht, daß das Gespräch hilfreich ist» will ich vergessen.

In einer intensiven emotionalen Gruppe ist mir ein anderer zu nah gekommen, ohne daß ich das wahrgenommen habe. Ich merke es erst danach, als die Ängste sehr schlimm werden und es mir dann so schlechtgeht, daß ich Medikamente bekomme. Und den Hinweis, eine ambulante analytische Therapie zu machen.
Es war also wieder nichts –

15
Ich kann wieder arbeiten. Die Tabletten halten mich einigermaßen im Gleichgewicht.
Ich mache eine ambulante Therapie.
Der Analytiker ist nett, aber meistens weiß ich nicht, was ich sagen soll. Zwischen uns ist eine Entfernung von hundert Kilometern. Ich rede und kann nichts in Worte fassen. Ich rede und rede in die Dunkelheit hinein.

Die Tabletten halten mich einigermaßen im Gleichgewicht. Weil ich kaum schlafen kann, erhöhe ich die Dosis.

16
Der Analytiker ist nett. Aber ich weiß nicht mehr, worüber ich reden soll. Ich fühle mich inzwischen wieder so schlecht, daß ich Angst habe, die Arbeit nicht mehr zu schaffen. Der Wunsch zu schlafen wird immer stärker, und je stärker er wird, um so größer wird die Angst, nicht schlafen zu können.

Ich habe genug Tabletten, um die dreifache Menge zu nehmen. Die Arbeit kann ich kaum noch schaffen, und die Angst, Fehler zu machen, läßt mich Fehler machen. Ich fühle, daß etwas auf mich zukommt, dem ich nicht mehr ausweichen kann.

Ich kann keine Stunde mehr schlafen. Die Tabletten helfen nicht mehr. Die Arbeit kann ich längst nicht mehr durchdenken. Die Angst treibt mich. Der Gedanke an die Tabletten ergreift immer mehr Besitz von mir.

Ich sehe keinen Ausweg mehr.
Ich weiß nicht mehr weiter.
Ich sehe nur noch einen Ausweg –

17

Bin ich so sehr an Tabletten gewöhnt, daß die Menge nicht ausgereicht hat? Nach drei Tagen wache ich im Krankenhaus wieder auf. Die Tabletten sind raus aus meinem Körper, aber nicht ihre beruhigende Wirkung. Es ist alles weit weg. Als ob ich es nur träume. Daß der Arzt mich verächtlich behandelt, ist mir gleichgültig. Ich soll in die Psychiatrie, damit ich es nicht wieder mache. Ich werde es wieder machen, denn die Hoffnung, mit meinem Leben noch etwas anfangen zu können, habe ich aufgegeben.

18

Sie haben mich auf die geschlossene Station gebracht.
Ich muß aufpassen, daß ich nicht wieder schreie wie in den ersten Tagen – sie haben mir gleich Valium gespritzt.
Ich habe inzwischen so viel Psychiatrieerfahrung, daß ich weiß, wie ich es machen muß, um schnell wieder rauszukommen. Ich fühle mich sehr schlecht. Und sehr benommen. Ich habe von dem vielen Zeug, mit dem ich mich umbringen wollte, immer noch genügend im Blut und bekomme hier auch noch Tabletten. Aber für die kurze Zeit der Visite kann ich jedesmal «Mir geht es gut» spielen, und sie sind erstaunt, daß es mir schon wieder so gutgeht.
Ich will so schnell wie möglich hier wieder raus und nie mehr

ausgeliefert sein. An nichts und niemanden. Ich sehe nur noch einen Weg, um dem für immer zu entgehen.

Ich arbeite systematisch auf meine Entlassung hin. Wenn das Klo unbeobachtet ist, kotze ich jetzt die unter Aufsicht geschluckten Tabletten aus, damit ich klar genug bin, um ihnen vormachen zu können, daß es mir immer bessergeht.
Endlich bekomme ich meinen Entlassungstermin.

In den letzten Tagen in der Psychiatrie bekomme ich einen Anruf aus der vorherigen Klinik. Jemand aus der Gruppe hat Kontakt mit dort aufgenommen, wegen einer nochmaligen Therapie für mich. Aber ich will nicht mehr.
Ich soll noch mal kommen. Die aus der Klinik rufen auf der geschlossenen Station an, um mir das zu sagen –
Durch die Wände hindurch, die zwischen mir und dem Leben sind, erreicht mich dieser Anruf aus einer anderen Welt.

19
Ich warte zu Hause auf den Aufnahmetermin.
Ich habe keine Hoffnung mehr, mit meinem Leben noch etwas anfangen zu können –
Was habe ich schon noch zu verlieren, wenn es wieder nichts wird –
Ich warte zwischen diesen beiden Gedanken.

2. Teil

1

Ich stehe ihm gegenüber. Widerwillig. Mit Angst. Mit Hoffnung? Alle anderen Therapeuten kenne ich vom vorigen Mal. Ihn nicht. Er ist nett, aber ich bin vorsichtig. Ich erwarte nichts mehr. Irgendwann wird er sowieso merken, daß er mit mir nichts anfangen kann, und wird mich abhaken wie die anderen auch.

In Wirklichkeit sitze ich ihm gegenüber. Aber innerlich stehe ich. Bereit, abzuhauen. Wenigstens innerlich. Ich rede irgendwo an der Oberfläche, und er sagt es mir.

Dann seine Frage: «Was bist Du einzusetzen bereit?» und meine Antwort – irgendwoher: «Alles, was mir möglich ist.» Von irgendwoher bin ich plötzlich bei mir angekommen und bin klar. Dann versinke ich wieder im Nebel.

Ich werde ihm nichts vorweinen.

Und dann weine ich ihm irgendwann doch etwas vor, und er läßt mich dabei nicht allein.

Zum ersten Mal schäme ich mich nicht, daß ich geweint habe. Und fühle mich nicht bloßgestellt.

2

Ich kann nicht sprechen, es ist nichts greifbar für mich. Das wird ihm bald zu schwierig werden, und er wird das Interesse verlieren. Das er jetzt so offen zeigt.

Er ist nett, und ich spüre manchmal seine Wärme. Ich werde mich hier in der Klinik nicht umbringen, damit er keine Schwierigkeiten bekommt.
Der Gedanke entlastet mich etwas und gibt mir ein bißchen Zeit. Ich werde diese Zeit hier als ein Stück geschenktes Leben ansehen.

3

Ich fühle, daß er versucht, mich zu verstehen. Ich bin hin- und hergerissen zwischen dem Bedürfnis, ihm zu glauben, und der Angst davor.
Ich gehe ihm aus dem Weg, und er sagt es mir.

Ich kann nicht sprechen, in mir ist alles dunkel und verworren. Es funktioniert auch nicht mehr, gegen das Unbekannte anzureden. Er greift das wenige zwischen dem Sprachlosen auf.
Wenn ich sprechen könnte, würde ich es tun. Ich würde es ihm gern ein bißchen leichter machen.

Irgendwann sagt er: «Ich sehe, daß Du willst und nicht kannst.»
Und er sagt auch, daß er nicht weiß, wie es ausgehen wird.
Ich spüre, daß er bereit ist, sich einzulassen – gleichgültig, wie es ausgehen wird. Das gibt mir ein Stückchen Sicherheit in der ganzen Verworrenheit.
Wenn er irgendwann aufgibt, werde ich es annehmen können.

4
Ich möchte mich entscheiden können, weiterleben zu wollen, aber ich kann es nicht. Ich sehe keinen Weg mehr. Er weiß das und nimmt trotzdem das große Risiko auf sich, daß ich mich hier in der Klinik umbringe.
Ich kann ihm nicht sagen, daß ich es ihm zuliebe hier nicht tun werde.
Gleichzeitig überlege ich, wie ich es diesmal machen werde, damit es funktioniert. In Gedanken bringe ich mich viele Male um. Ich habe Angst vor dem Leben, und ich habe Angst vor dem Tod.
Er läßt es so sein, wie es ist. Wenn er davon spricht, spüre ich sein Verständnis. Ich fühle mich zum ersten Mal nicht schuldig deswegen.

Den Ablauf in der Klinik erlebe ich wie einen unscharfen Film.

Er kann nicht mehr viel Hoffnung haben. Warum ist er so unerschütterlich? Therapeutenehrgeiz? Würde er sich dann auf eine so aussichtslose Sache einlassen?
Er fordert nichts von mir. Er sagt: «Es ist alles o. k. so, wie es ist.»

5
Ich treibe auf einem weiten Meer. Ganz in der Ferne ist eine Insel, aber ich kann sie nicht erreichen.
Manchmal schreie ich. Dann löse ich mich in Wut auf. Manchmal vermischt sie sich mit Angst. Danach versinke ich wieder im Nebel.

Es ist nicht mehr viel von mir vorhanden – warum schrecke ich davor zurück, mich umzubringen? Es ist doch nur noch mein Körper, den ich umbringen muß.
Ich sage zu ihm: «Laß mich gehen, ich bin innerlich tot», und er antwortet: «Du bist innerlich nicht tot, ich sehe es, wenn Du Dich bewegst.»

6
Ich verliere immer mehr die Sprache.
Ich warte darauf, daß er aufgibt.
Und dann bekomme ich Angst, daß er aufgibt.
Ich frage ihn, wann er es tut, und er antwortet: «Es ist alles o. k., auch wenn Du denkst, daß ich die Nase von Dir voll habe.» Zwischen seinen Worten spüre ich seine Zuwendung und fange an zu weinen.

Er erzählt mir ein Märchen. Ich kenne es, aber er erzählt es anders, und ich verstehe es nicht. Trotzdem ist es schön so, wie er es erzählt.
Mir hat noch nie jemand ein Märchen erzählt –
Was er mir damit sagen will, begreife ich erst viel später.

Warum geht es mir so schlecht? Warum weiß ich das nicht? Verglichen mit vielen anderen hier, die schon lange nicht mehr arbeiten können oder noch nie gearbeitet haben, habe ich doch bisher ein ganz geordnetes Leben geführt. Und es ist immer ganz gutgegangen. Es sind auch Patienten hier, die im Rollstuhl sitzen. Bin ich nicht immer noch gut dran?
Ich weiß damals nicht, daß meine Seele im Rollstuhl sitzt.

7
Ich spüre die Erwartungshaltung der anderen Ärzte. Und ihre Verunsicherung. Wahrscheinlich passe ich nicht in das Therapiekonzept und bin nicht greifbar für sie. Und nicht einzuordnen.
Als er für ein paar Tage nicht da ist, bestätigt es sich:
«Was willst Du hier?»
«Ich weiß es nicht.»
«Du bist zum zweiten Mal hier, Du mußt wissen, was Du hier willst.»
«Mir geht es schlecht.»
«Du mußt wissen, was Du hier willst.»
«Ich weiß es nicht. Ich drehe mich im Kreis.»
«Wir können hier niemanden brauchen, der sich im Kreis dreht.»
Sie sitzen da, und ich habe plötzlich das Bild eines um sein Leben laufenden Hasen vor meinen Augen. Treibjagd. Ich kann nicht mehr. Der Gedanke: Ich gebe auf – ich gehe –
Und dann plötzlich ein Stückchen Gewißheit, daß er es so nicht zugelassen hätte.

8
Er will, daß ich jeden Abend in die Gruppen gehe, die als «Meetings» bezeichnet werden. Es sind Selbsthilfegruppen, wie sie auch außerhalb der Klinik bestehen. Sie haben als Grundlage ein Programm mit zwölf Schritten und sind ein fester Bestandteil in dem Therapiekonzept.
Ich kann mit diesem Zwölf-Schritte-Programm wenig anfangen, es ist meinem eigenen Denken fremd und scheint mir für

mich nicht nachvollziehbar zu sein. Trotzdem habe ich von Anfang an das Gefühl, daß dieses Programm mir helfen würde, wenn ich davon etwas begreifen könnte.

Viel später werde ich ihm einmal schreiben:

> Am Anfang fand ich diese Meetings, die Du mir täglich verordnet hattest, ziemlich blöd. Als ich zuerst versuchte, mich daran vorbeizudrücken, hast Du mich sehr nachdrücklich darauf hingewiesen, daß ich sicher selber wüßte, daß ein paar Meetings nicht ausreichten. Ich bin dann jeden Abend da hingegangen. Zuerst nur, damit Du nicht wieder ärgerlich auf mich wurdest. Ein bißchen später bin ich dann Dir zuliebe hingegangen – eine ganze Weile. Und irgendwann habe ich gemerkt, daß ich auch mir zuliebe hingehe.
>
> Als ich Dich einmal fragte, was ich tun könnte, um von diesem Programm etwas zu begreifen, hast Du geantwortet: «Nichts. Wenn es geschieht, ist es Gnade.» Da ist mir klargeworden, daß diese Dinge sich meinem Willen entziehen. Daß sie auf einer Ebene geschehen, auf die ich keinen Einfluß habe. Und ich habe eine Ahnung davon bekommen, was mit dem im Zwölf-Schritte-Programm verwendeten Begriff «Machtlosigkeit» gemeint ist.
>
> Ich bin dann weiter jeden Abend in die Meetings gegangen. Ohne etwas zu erwarten und ohne sprechen zu können. Oft bin ich vor Müdigkeit, weil ich kaum schlafen konnte, fast vom Stuhl gekippt. Aber ab und zu hat mich mal ein Satz erreicht, und ich bin für ein paar Minuten wach geworden.
>
> Ohne daß mir das damals bewußt geworden ist, bin ich

allmählich in das Zwölf-Schritte-Programm hineingewachsen. Ich danke Dir.

Am Anfang glaube ich, daß dieses Programm bekehren will, und in mir sträubt sich alles dagegen. Vor allem, weil so oft von einer «Höheren Macht» gesprochen wird und ich mit solchen abstrakten Dingen nichts anfangen kann. Das, was ich als Kind davon mitbekommen habe, erschöpfte sich in dem einmal im Jahr stattfindenden Besuch der Christmette am Heiligen Abend.
Hier in der Klinik werde ich ständig damit konfrontiert, und es irritiert mich, daß auch die Therapeuten diesem Programm verbunden zu sein scheinen. Auch mein Therapeut. Wenn er mich sieht, sagt er oft den zum Programm gehörenden Satz: «Nur für heute.»
Das ist aber sowieso der einzige Satz in dem Zwölf-Schritte-Programm, den ich nachvollziehen kann. Es leuchtet mir ein, daß man lieber an heute denken soll, weil man an der Vergangenheit nichts mehr ändern kann.
Doch wie soll ich nur an heute denken, wenn ich nicht weiß, wie es weitergeht? Wenn ich keinen Weg sehe? Auf so etwas wie eine «Höhere Macht» will ich mich nicht verlassen. Daß ich mein Leben nicht meistern konnte, wie es in dem Programm heißt, habe ich inzwischen begriffen. Aber damit weiß ich wenigstens, wo ich stehe. Daß mir eine «Höhere Macht» helfen könnte – daran kann ich nicht glauben.
Und das meiste andere in diesem Programm finde ich auch ziemlich abgehoben.

9
Ich verzerre mir das Knie und kann keinen Frühsport mehr mitmachen. Diese Zeit gehört mir. Sie ist kostbar, denn in dem Dreibettzimmer ist sonst keine Möglichkeit zum Alleinsein.
Ich nutze diese Zeit, um das, was mir wichtig erscheint, aufzuschreiben. Dabei merke ich, daß beim Schreiben eine Sperre in mir fortgeht und ich für vieles Worte finde, was ich sonst nicht ausdrücken kann. Ich greife danach wie ein Ertrinkender nach einem treibenden Balken.
Das innere Durcheinander fließt aufs Papier.

10
Die Halsschmerzen sind jetzt sehr stark, weil sie nicht mehr mit Tabletten zugedeckt sind.
Er schickt mich zum Facharzt. Aber es ist wie immer: Trotz intensiver Untersuchungen gibt es keinen Befund.

Ich hatte als Kind Schwierigkeiten mit dem Essen. Ich habe mich häufig daran verschluckt und hatte dann Angst, erstikken zu müssen. Ich habe deswegen Schläge bekommen. Vielleicht haben die Halsschmerzen damit etwas zu tun?
Aber ich habe dadurch gelernt, alles aufzuessen. Und es ist auch lange her.

11
Morgens nach dem Aufwachen bin ich den diffusen Ängsten und der Angst, von ihnen vernichtet zu werden, jetzt völlig

ausgeliefert. Manchmal laufe ich dann in Panik zu ihm, und er fängt mich auf.

Ich träume:
Ich bin lebensgefährlich erkrankt und muß mich, um zu überleben, für eine Operation entscheiden, bei der es um Tod oder Leben geht. Ich kann es nicht.

12
Wir sollen eine Geschichte um unsere Geburt herum schreiben. Eine Fantasiegeschichte, verbunden mit uns bekannten Fakten –
Bin ich ein gewolltes Kind?
Ich stelle mir meine Mutter vor: wie sie es ausgehalten hat – meinen Vater auf sich. Mit Abscheu davor, ihr ganzes Leben lang. Aber mit der Vorstellung in ihrem Kopf, daß ein Kind dazugehört. Und mit der Sehnsucht nach einer richtigen Familie. Mit einem richtigen Vater, einer richtigen Mutter und richtigen Kindern. Die ihre Erinnerungen auslöschen an einen Vater, der nur kurze Zeit vorhanden war, bevor er sich endgültig anderen Frauen zuwandte, und der seine Schuldgefühle auf der Mutter zerschlug. Und an eine Mutter, die nicht wirklich anwesend war – hart arbeitend im selbst aufgebauten Betrieb. Und an ein verlassenes Kind.
So bin ich gewollt und hätte ein Junge werden sollen. Ich war eine Enttäuschung und wurde nach vier Jahren korrigiert. Die Erwachsenen sagten, daß ich Zuckerstücke aufs Fensterbrett legen sollte, wenn ich einen Bruder haben woll-

te. Und so wollte ich einen Bruder haben und legte Zuckerstücke aufs Fensterbrett.

Er hieß «Bübi», und die Erwachsenen fanden es rührend, daß ich genauso besorgt um ihn war wie sie auch. Und meine vorwurfsvollen Worte, daß meine Mutter auch «Herzchen» zu ihm sagte, belustigten sie. Ebenso, daß ich immer, wenn sich die Gelegenheit bot, seine Kinderschwester kniff.
Ich bekam keine Schläge, als sein Kinderwagen umkippte.

Als ich siebzehn war, ließen meine Eltern sich scheiden, mein Vater ging zu einer anderen Frau. Ich habe meinen Vater dafür gehaßt, daß meine Mutter litt. Und ich habe mit ihr gelitten wegen ihres Verlassenwordenseins. Im Grunde war ich aber froh, daß die schrecklichen Szenen aufhörten.
Dann wandte meine Mutter sich immer mehr meinem Bruder zu. Vielleicht eskalierten dadurch die ehemals kleinen Streitereien, wie sie unter Geschwistern üblich sind – wenn wir allein waren, schlugen wir aufeinander ein. Er aus Überfordertsein. Ich auf meinen Vater, dem er glich.
Als er zum Studium in eine andere Stadt ging, verloren wir uns aus den Augen.
Später, als er eine Familie hat, treffen wir uns bei Familienfeiern.

Ich glaube nicht, daß ich geboren werden wollte. In meiner Fantasiegeschichte konnte ich mich nicht entschließen, meine weiße Wolke zu verlassen.

13
Er müßte mich längst abgeschrieben haben, einen Erfolg mit mir kann er sich nicht mehr versprechen.
Wenn ich ihm gegenübersitze, möchte ich sprechen und habe vergessen, was ich sagen will. Manchmal schreibe ich ihm etwas.

Er spricht manchmal von Demut. Ich kann mir nicht vorstellen, daß mir das weiterhelfen kann. Ich will mich nicht an eine «Höhere Macht» wenden und mit mir etwas machen lassen. Ich will nicht ausgeliefert sein. Niemals mehr. Ich möchte auf das ganze Zwölf-Schritte-Programm einschlagen. Und auf Gott. Der mir niemals geholfen hat.
Ich schreibe ihm später einmal:

> Wenn Du von Demut zu mir gesprochen hast, habe ich ganz schlimme Fantasien gehabt, was Du wohl mit mir vorhattest. Demut – das war für mich: zu Kreuze kriechen, überhaupt nichts mehr selber entscheiden dürfen. Ausgeliefert sein. Und das wollte ich auf gar keinen Fall. Erst viel später, als mir allmählich der im Zwölf-Schritte-Programm verwendete Gelassenheitsspruch inhaltlich bewußt wurde, habe ich begriffen, was Demut ist.

14
Ich bin den größten Teil der Nacht bei der Nachtschwester. Das Nichtschlafenkönnen läßt sich so besser aushalten. Die meiste Zeit strickt sie oder löst Kreuzworträtsel. Zwischendurch kocht sie Kaffee. Manchmal unterhalten wir uns.
Es ist, als ob das alles in eine andere Welt gehört.

Wenn ich auf die dafür bestimmten Polster einschlagen soll, schlage ich sie fast kaputt. Und habe in meiner unbändigen Wut den Wunsch zu töten. Es macht mir angst.
Er sagt, es liefen dann alte Filme bei mir, aber ich weiß es nicht. Ich kann mich an nichts erinnern, ich denke kaum noch an meine Kindheit. Es ist so lange her. Ich glaube auch, daß ich eine schöne Kindheit hatte. Daß alles in Ordnung war. Ich habe es ihm gesagt.

Ich gehörte zu den privilegierten Kindern und hatte vieles, was andere Kinder nicht hatten. Armut, wenn ich ihr begegnet bin, war mir unbehaglich. Armut, das war: eine enge Wohnung, gebrauchte Schulbücher von der Schule bekommen, getragene Kleider und Margarine statt Butter. Daß ich nicht arm war, bedeutete Sicherheit.
Und auch, daß ich leicht lernte, gab mir Sicherheit. Dadurch war die Schule ein Platz, an dem ich mein Stillsein vergaß und meine Lebendigkeit ausleben konnte. Nur einmal habe ich dort geweint; als ein Lehrer vor allen anderen auf mich einschlug. Doch ich habe mich für das Weinen geschämt.
Daß ich von meinem Vater viel geschlagen wurde, scheint mir nicht geschadet zu haben, ich erinnere mich nicht, daß es mir etwas ausgemacht hat. Und auch nicht, weswegen ich geschlagen worden bin. Nur, daß meine Mutter dann aus dem Zimmer ging. Wenn ich mich hinterher entschuldigt hatte, war aber alles wieder in Ordnung, und ich durfte wieder zu den anderen. Es ist lange her –

15

Mein Leben besteht nur noch aus Angst und Panik. Und aus Nicht-mehr-weiter-Wissen. Es ist, als ob ich mich in einem Labyrinth verirrt habe und den Ausgang nicht mehr finde.

Ich will nicht mehr ums Überleben kämpfen müssen.

Ich versinke immer tiefer in einem Nebelmeer.

16

Eines Morgens weiß ich, daß ich die Klinik verlassen muß. Ich habe das Gefühl, daß ich mich immer mehr auflöse und daß mir alles immer mehr entgleitet. Ich werde die Klinik verlassen und mich umbringen. Nach der nächsten Gruppe werde ich ihm sagen, daß ich gehen will.
Der Gedanke, mich umzubringen, ist der einzige Halt, den ich noch finde, und ich halte mich verzweifelt an ihm fest.

Daß in der nächsten Gruppe etwas Entscheidendes geschieht, wird mir erst später bewußt.
Es geschieht, als er lange auf mich eingesprochen hat, ohne daß es mich erreicht hat, und ich plötzlich spüre, daß er an seinen Grenzen ist. Ich fühle, daß er aufgibt. Da falle ich auseinander und stürze in einen Abgrund. Immer tiefer –
In diesem Augenblick der Vernichtung begreift etwas in mir, daß ich keine andere Chance mehr habe, als vor allem, was ist, zu kapitulieren. Daß ich endlich aufhören muß, gegen alles anzukämpfen, und es annehmen muß, wie es ist. Und daß ich gar keine Bedingungen mehr stellen kann. Gleichzeitig sehe

ich auf einmal auch, was ich nicht nur mit mir, sondern auch mit ihm mache.
Und ich begreife dann auch, daß es gar nicht um die Entscheidung Tod *oder* Leben gehen muß. Daß es Tod *und* Leben gibt und ich mich jeden Tag neu entscheiden kann – immer nur für vierundzwanzig Stunden. Und damit begreife ich auch den Satz «Nur für heute».
Ich glaube, daß in diesen Augenblicken das geschehen ist, was er als Gnade bezeichnet.

Als er mich abends zum Gespräch bestellt, weiß ich, daß er aufgegeben hat.
Als ich ihm dann gegenübersitze, fühle ich es. Wir sprechen und treffen uns keinen Augenblick. Ich bin wie abgeschnitten von mir selbst. Er gibt mir meinen Entlassungstermin.
Sieht er sich als gescheitert an? Ich weiß es nicht. Aber ich glaube, daß es ihm weh getan hat.

Als ich in den nächsten Tagen langsam zu mir komme und mir allmählich bewußt wird, was in der letzten Gruppe geschehen ist, schreibe ich ihm alles. Es berührt mich sehr, als er sagt, daß es ein Geschenk für ihn ist.

17

Die Zeit, die mir in der Klinik noch bleibt, erlebe ich bewußt. Ich fühle, daß sich in mir etwas zu verändern beginnt. Das Schreiben in den Morgenstunden hilft mir jetzt, klarer zu werden. Und ich merke, daß ich das, was wichtig für mich ist – Dinge, die ich gehört und gelesen habe, Sätze, die gesagt wurden –, wie ein Schwamm aufgesogen habe. Und daß sie nun zu wirken beginnen.

Ich werde alles auf eine Karte setzen und noch einmal neu anfangen. Nur für heute. Ich werde immer nur an den einen Tag, der ist, denken und nur daran, was ich an diesem Tag tun kann. Dadurch werde ich immer ein bißchen so leben, als ob es mein letzter Tag wäre. Weil meine Zukunft so ungewiß ist, ist das vielleicht meine Chance.

Ich werde meine Arbeitsstelle kündigen. Er ist dagegen. Aber ich bin sicher, daß ich es tun muß. Daß ich mich auf das Risiko, mich da überfordert zu fühlen, nicht einlassen darf. Es gibt auch so noch genügend andere Unsicherheiten.
Ich weiß, daß ich alles auf eine Karte setzen muß, wenn ich eine Chance haben will.

18
Zwischendurch holt mich die Verzweiflung wieder ein. Es wird alles viel zu schwierig sein – in meinem Leben ist nichts mehr in Ordnung. Selbst die Wohnung, in die ich vorher noch gezogen bin, besteht nur aus Kartons und ein paar Brettern. Es ist zuviel, ich werde es nicht schaffen.
Und dann klammere ich mich an den Gedanken, daß ich es immer nur für einen Tag schaffen muß. Nur für heute.

Jetzt begreife ich auch erst, was es wirklich heißt, daß ich keine Psychopharmaka mehr nehmen kann. Daß ich auf sie verzichten muß, weil ich immer wieder süchtig mit ihnen

umgehen würde. Ich kann von dieser Seite keine Unterstützung bekommen, wenn ich nicht wieder darin hängenbleiben will.
Aber ich weiß, daß ich mich auch gegen sie «nur für heute» entscheiden muß. Das wird mir helfen, wenn ich glaube, es ohne sie nicht zu schaffen.

19

Nach einem halben Jahr verlasse ich die Klinik. Ich weiß nicht, wie es weitergehen wird – es ist alles offen. Ich weiß nur, daß ich es immer nur für einen Tag – für vierundzwanzig Stunden – schaffen muß. Und wenn das noch zuviel ist, dann auch nur für eine Stunde. Oder noch weniger.

Als ich mich von ihm verabschiede, spüre ich, daß es mir weh tut. Ich habe mich niemals von ihm im Stich gelassen gefühlt und habe darauf vertrauen können, daß er fair ist. Er hat viel auf sich genommen und viel Ungewißheit ausgehalten. Und er weiß genausowenig wie ich, ob nicht alles umsonst war.
Das, was mir möglich ist, werde ich tun, damit es nicht umsonst war.

Ich schreibe ihm bei meinem Weggehen:

> Ich mache mich noch einmal auf den Weg. Oder um in Deinen Bildern zu sprechen: Ich kaufe mir noch einmal eine Fahrkarte. Ich weiß nicht, ob und wo ich ankommen werde. Aber ich weiß, daß das, was ich hier erfahren habe, mich begleiten wird.

3. Teil

1
Mein Bruder ist in der Wohnung gewesen und hat in das Chaos etwas Ordnung gebracht. Aus den Brettern sind ein paar Regale geworden, und die Kartons sind ordentlich zusammengestellt.
Die Möbel sind noch auf dem Speicher.

Die Matratze liegt auf dem Fußboden. So lag sie, als ich vor acht Monaten aus der Psychiatrie kam. Damals noch mit dem Laken mit dem Blutfleck. Und mit der Erinnerung, daß ich mich darauf umbringen wollte. Den Blutfleck mußte der Notarzt hinterlassen haben, als sie mich fanden. Ich habe damals noch einige Zeit darauf geschlafen – unfähig, es zu verändern.

2
Mein Chef reagiert ärgerlich, als ich kündige. Er fühlt sich hintergangen, weil er damals geglaubt hat, es ginge mir wieder gut. Wie soll ich es ihm erklären, daß ich das auch geglaubt habe? Nun gehen wir im Unfrieden auseinander.
Schade.

Beim Arbeitsamt machen sie mir nicht viel Hoffnung auf eine neue Arbeitsstelle, aber die will ich ja auch gar nicht.
Ich bin also nun frei und kann tun, was ich will. Auch wenn

ich noch nicht weiß, was ich will. Ich muß mir Zeit lassen – im Augenblick fühle ich mich noch zu unsicher.

Der Satz «Nur für heute» hilft mir, nur an das zu denken, was an dem heutigen Tag wichtig ist. Und das ist jetzt erst einmal die Wohnung. Sie so herzurichten, daß daraus eine Wohnung wird, in der ich leben kann.
Es wird lange Zeit in Anspruch nehmen, wieder Ordnung in mein Leben zu bekommen.

Zwischendurch schreibe ich ihm:

> Mir geht es wie dem Indianer, der aus der Kutsche aussteigt, sich an den Straßenrand setzt und wartet, daß seine Seele hinterherkommt.

3

Zwischen Aufräumen, Auspacken und Einrichten fällt mir eine Plastiktüte mit Tabletten in die Hände. Wo diese herkommen, weiß ich nicht. Wahrscheinlich lagen sie damals noch irgendwo in der Wohnung herum, als man mich bewußtlos fand. Wahrscheinlich sind sie eingesammelt und dann vergessen worden. Ich stelle sie zur Seite, ich werde sie wegwerfen. Und stelle fest, daß ich es nicht kann. Auch der Gedanke, daß ich jederzeit neue bekommen würde, hilft mir nicht.
In der folgenden Zeit nehmen die Tabletten in der Tüte immer mehr Raum in meinem Kopf ein. Je mehr ich sie wegwerfen will, um so mehr ergreifen sie von mir Besitz. Sie ziehen mich zu sich. Das löst Panik aus. Ich brauche Hilfe, ich komme damit allein nicht zurecht.

Die Antwort, die ich bekomme, ist unerwartet. Sie entdramatisiert die Angelegenheit, indem er mir vorschlägt, den Tablettenvorrat zu behalten und das zu genießen.
Zuerst bin ich irritiert. Hat er es nicht verstanden? Oder war meine Angst nicht berechtigt, als ich merkte, daß ich die Tabletten wegwerfen wollte und es nicht konnte? Ich glaube es nicht. Er hat sicher um die Gefährlichkeit seiner Antwort gewußt. Aber es war wahrscheinlich die wirkungsvollste und hilfreichste, um mit dem Kampf gegen die Tabletten aufhören zu können. Ich habe hierdurch auch begriffen, daß ich aufpassen muß, etwas nicht zusätzlich zu dramatisieren, weil es mich sonst mit sich fortzieht.
Der Gedanke an die Tabletten verliert seine Macht, als ich den Widerstand gegen ihn aufgegeben habe. Es war wichtiger, die Tabletten aus meinem Kopf wegzuwerfen als in der Realität.
Viel später bin ich an diese Situation erinnert worden, als er in einem Vortrag davon gesprochen hat, daß man aus dem Sog eines Wasserstrudels wieder herauskommt, wenn man ihm keinen Widerstand leistet und nicht herauszukommen versucht. An einem Punkt in der Tiefe gibt er einen von selbst wieder frei.

4

Ich werde mir einen Aushilfsjob suchen. Irgendeine Arbeit für ein paar Stunden wöchentlich. Es scheint ausreichend solche Möglichkeiten zu geben, in der Zeitung stehen genügend Angebote.
Ich mache telefonisch ein paar Termine aus.
Es läuft gut. Ich bekomme die Arbeit, die mir am meisten zusagt. Ich soll Filme zusammenkleben.

Einige Zeit klebe ich ein paar Stunden in der Woche Filme zusammen. Dann lerne ich, die Filme selbst zu entwickeln. Danach geben sie mir noch andere Arbeiten.
Ich sage nicht, was ich vorher gemacht habe, um mich nicht selber unter Druck zu setzen. Sie fragen nicht danach.

Als die Arbeiten in der Firma beendet sind, habe ich keine Schwierigkeiten, etwas anderes zu finden, und probiere Verschiedenes aus. Wenn ich Angst bekomme, irgendwelchen Dingen nicht gewachsen zu sein, mache ich mir klar, daß ich jederzeit damit aufhören kann. Daß ich mich jeden Tag anders entscheiden kann. Eine Zeitlang habe ich mehrere Jobs nebeneinander.
Als mir die erste Firma ein halbes Jahr später erneut Arbeit anbietet, sage ich dort wieder zu. Und als ich dann weiterhin dableiben soll, sage ich alles andere ab.

5

Die Arbeit hilft mir, eine Struktur in mein äußeres Leben zu bekommen. Die Meetings mit dem Zwölf-Schritte-Programm helfen mir, in mich selbst etwas Struktur zu bekommen. Und der Gedanke, daß ich alles «nur für heute» tun muß, ist der Boden, auf dem ich Tag für Tag weitergehe.
Die Wohnung ist inzwischen so weit fertig, daß es sich einigermaßen gut darin wohnen läßt. Das Fehlende muß langsam wachsen.
Allmählich bekomme ich etwas Ordnung in mein Leben.

In den Job wachse ich immer mehr hinein. Er überfordert mich nicht, wenn ich mich nicht selbst überfordere. Ich bin sehr dankbar, daß alles so ist, wie es ist. Ich habe nicht mehr daran geglaubt, daß das für mich noch mal möglich sein könnte.
In den Meetings merke ich, wie sehr das Zwölf-Schritte-Programm inzwischen zu meinem Leben dazugehört und wie sehr es mein Denken und Handeln beeinflußt.

6

Obgleich sich alles immer mehr zum Positiven hin entwickelt, habe ich immer wieder starke Halsschmerzen, und das, was in meinem Hals zu stecken scheint, läßt ihn sich entzünden. Aber auch eine erneute Untersuchung ergibt keinen Hinweis auf irgendeinen Befund.
Vielleicht kann ich lernen, damit zu leben. So wie ich es bei den Schlafstörungen gelernt habe. Diese gehören zu den Dingen, die ich nicht ändern kann, ich habe vor ihnen kapituliert. Und davor, daß ich mich manchmal tagsüber plötzlich sehr erschöpft fühle. Ich kann das jetzt als etwas ansehen, was zu mir dazugehört. Die Angst, daß ich durch das wenige Schlafen den Anforderungen des Tages nicht gewachsen bin, habe ich nicht mehr.

Trotz der Halsschmerzen geht es mir besser, als es mir vorher jemals gegangen ist, und ich fühle mich lebendiger. Ich habe ein paar grundlegende Dinge begriffen, und das Zwölf-Schritte-Programm und viele von den Sätzen, die ich mir in der Klinik aufgeschrieben oder gemerkt habe,

sind abrufbereit und erweisen sich immer wieder als hilfreich.
Aber mir wird auch immer mehr mein großer destruktiver Anteil bewußt. Ohne daß ich weiß, was dann in mir abläuft, und obgleich eigentlich alles in Ordnung ist, geht es mir manchmal plötzlich schlecht. Es ist, als ob ich dann in ein anderes inneres Programm rutsche.
Auch wenn mir mein Selbstmordversuch einfällt, wird mir meine Ambivalenz bewußt. Ich bin sehr dankbar, daß ich diesen ohne körperliche Schäden überstanden habe, aber ich weiß nicht, was ich antworten würde auf die Frage, ob es mir etwas ausmachen würde, wenn ich nicht wieder aufgewacht wäre.

7

Mein Auto hat Totalschaden. Als ich an einer roten Ampel gestanden habe, ist mir ein Golffahrer hintendraufgebrettert. Außer daß mein Auto völlig hin ist, ist nicht viel passiert – ich selbst bin mit einem Schleudertrauma glimpflich davongekommen.
Als die Polizisten dann die verklemmten Autotüren geöffnet hatten und ich aussteigen konnte, habe ich auf der Kreuzung gestanden und habe den Gelassenheitsspruch vor mich hingesagt. Immer wieder. Das hat etwas Abstand zu dem Geschehen geschaffen.
Es dauert ein Jahr, bis ich den Auffahrknall nicht mehr höre, wenn ein Auto schnell oder dicht an mich heranfährt.

Mir ist inzwischen bewußt geworden, daß es mir gar nicht

mehr so wichtig ist, ob es das gibt, was im Zwölf-Schritte-Programm als «Höhere Macht» oder als «Gott, wie ich ihn verstehe» bezeichnet wird. Ich glaube jetzt einfach daran. Nicht an einen liebenden Gott, denn daß er mich liebt, erscheint mir immer wieder zweifelhaft. Aber an eine Macht, die mich führt und an die ich mich wenden kann, wenn mir alles zu entgleiten droht. Und dafür bin ich dankbar.

Meiner anderen Seite gegenüber bin ich machtlos. Die dunklen Kräfte in mir prägen mein Lebensgefühl, und ich fühle mich ihnen oft ausgeliefert.
Ich schreibe ihm:

> Ich habe gelernt, viele Dinge anders zu sehen und dadurch besser mit ihnen zurechtzukommen. Es hilft mir auch, daß ein Teil von mir – der, den ich nach außen hin zeige – völlig auf dem Boden der Realität zu sein scheint. Aber ich kann mein Lebensgefühl nicht ändern. Das Entscheidende ist wahrscheinlich, daß ich nicht ja zum Leben sagen kann, daß ich mich nicht zu Hause fühle in dieser Welt. Ich habe immer das Gefühl, davonlaufen zu müssen.

8
Die Arbeit belastet mich nicht, ich werde darin immer sicherer. Im Gegensatz zu früher schrecke ich nicht mehr nachts hoch, in Panik, etwas verkehrt gemacht zu haben oder nicht bewältigen zu können. Ich komme gut damit zurecht und mache immer qualifiziertere Arbeiten.
Und ich sehe, daß mir das Zwölf-Schritte-Programm auch dort hilft, mit schwierigen Situationen gelassener umzugehen.

Als ich jetzt mit einem Kollegen zusammenarbeiten mußte, der sich autoritär verhielt, habe ich darauf zuerst arrogant reagiert. Das ist meine Methode, einen anderen außer Gefecht zu setzen. Als er es daraufhin vorzog, so wenig wie möglich mit mir zu tun zu haben, ging es mir damit nicht gut, und ich habe nach einer anderen Lösung gesucht. Ich habe mir zuerst einmal klargemacht, daß ich nicht die Macht habe, ihn zu ändern, sondern daß ich nur selbst lernen kann, nicht mehr auf sein unangenehmes Verhalten einzusteigen. Inzwischen gelingt es mir immer besser, ihm gelassener zu begegnen, und ich kann ihm jetzt sachlich Grenzen setzen.

9

Mit meiner äußeren Realität komme ich immer besser zurecht. Aber ich stürze innerlich manchmal ziemlich tief ab, ohne daß ich weiß, warum. Dann helfen mir die Sätze, die er gesagt hat, und die Bilder, die er gebraucht hat. Und auch das Zwölf-Schritte-Programm. Wenn ich wieder aus der Dunkelheit herausgefunden habe, fühle ich mich wie Phoenix, der Vogel aus der antiken Sage, der sich selbst verbrannt hat und aus der Asche neu aufgestiegen ist.

In einer Gruppe haben wir Katathymes Bilderleben gemacht. Dabei wird etwas vorgegeben, und es fließen dann eigene Bilder ein. Vorgegeben waren eine Wiese, ein Ball und ein Bach: Mein Vater kommt auf mich zu. Mit einem erhobenen Stock. Er wird riesengroß. Ich werfe ihm den Ball – eine Eisenkugel – an den Kopf. Immer wieder. Dann packe ich seinen Kopf mit beiden Händen und drücke ihn unter Wasser.

Ich soll eine Aufstellung von der Familie machen. Von den Beziehungen untereinander. Jeder zu jedem. Als ich damit fertig bin, geht es mir sehr schlecht. Das alles so nah herangeholt zu haben löst diffuse Ängste aus.

Als ich ein paar Tage in einer anderen Stadt bin, stoße ich auf ein Zwölf-Schritte-Meeting, in dem Leute sind, die eine Borderline-Störung haben. In diesen zwei Stunden glaube ich, daß die anderen von mir sprechen, wenn sie von sich etwas erzählen. Im Gegensatz zu den verschiedenen anderen Meetings, wo ich ab und zu in den Beiträgen etwas wiederfinde, was ich auch kenne, habe ich in dieser Gruppe zum ersten Mal das Gefühl: Hier gehöre ich her.

10

Ich wollte von etwas ganz anderem sprechen, aber als ich ihm gegenübersitze, spreche ich plötzlich von den Halsschmerzen, und er steigt darauf ein. Ich soll sie beobachten.

Es ist mir lästig, die Halsschmerzen so bewußt wahrnehmen zu müssen, denn sonst versuche ich immer, sie mehr oder weniger zu ignorieren. Als er nachfragt, merke ich, daß ich mich am liebsten davor drücken würde.

Klarheit über irgendwelche Zusammenhänge bringt das Beobachten nicht. Aber immer, wenn ich mich sehr bewußt auf die Halsschmerzen einlasse, steigen Angst und Panik auf. Und diffuse Bilder.

11

Ich habe Angst vor dem unbekannten Teil in mir. Auch die Gefühle blinder Wut und in der letzten Zeit der Drang, um mich zu schlagen, machen mir angst.

Ich soll mir überlegen, ob ich noch einmal in die Klinik kommen will.

Nach drei Wochen schreibe ich ihm:

> In den äußeren Trümmern meines Lebens habe ich – so gut ich das konnte – Ordnung geschaffen. Jetzt ist mir langsam klargeworden, daß ich mich mit den Trümmern in meinem Inneren, die ich ahne, aber nicht kenne, auseinandersetzen muß. Daß ich nicht daran vorbeikomme. Ich habe große Angst vor dem, was vielleicht sichtbar werden wird. Aber ich habe das Vertrauen, daß Du mir helfen wirst.

4. Teil

1

Als ich in der Klinik ankomme, überwiegt die Freude, ihn wiederzusehen, meine Angst. Ich spüre sie auch bei ihm.
Dieses Mal habe ich ein Einzelzimmer.
Hier in der Klinik merke ich erst, wieviel Kraft mich die letzte Zeit gekostet hat.
Was wird auf mich zukommen?
Wie immer es ausgehen wird – es wird richtig sein.

2

Wenn ich von mir spreche, ist alles weit fort. Es beeindruckt mich jedesmal, wenn andere von ihren Gefühlen in der Kindheit sprechen. Ich kann mich nicht erinnern, daß ich etwas gefühlt habe. Ich glaube, ich war gar nicht richtig da.
Ich weiß nur, daß ich von meinem Vater viel geschlagen worden bin, aber ich kann mich nicht erinnern, ob es weh getan hat. Und was ich getan habe, um geschlagen zu werden. Nur, daß meine Mutter dann aus dem Zimmer gegangen ist.
Ein paar Erinnerungen im Kopf – anders nicht greifbar. Die Gefühle dazu habe ich vergessen.
Wenn ich von mir spreche, verschwinde ich im Nebel und komme mir vor wie eine Marionette, die spricht und sich nicht erinnert.

3

Ich weiß nichts weiter als das mit dem Geschlagenwerden. Wann hat es angefangen? Ich weiß es nicht. Das ganz kleine Kind erinnert sich nur an den weißen Schrank im Kinderzimmer und den daraufliegenden Stock. Immer sichtbar. Auch nachts über mir liegend. Als ich das aufgeschrieben habe, hat er davon gesprochen. Mit einer liebevollen Geste.
Vielleicht versteht er, daß ich da nicht hinfühlen konnte.

Das Geschlagenwerden gehörte mit zu meinem Leben. Irgendwann wurde der Stock nicht mehr benutzt, dann schlug mein Vater so auf mich ein.
Er prügelte auch auf das pubertäre Hin- und Hergerissensein beim Erwachsenwerden ein. Daran erinnere ich mich genau, und daß ich versuchte, den Schlägen auszuweichen. Dann schlug er wie von Sinnen zu. Aufgehört hat es erst, als ihn die Beziehung zu der anderen Frau so in Anspruch nahm, daß weiter nichts mehr wichtig war.
Vielleicht hat mein Vater alles kaputtgeschlagen, was ich einmal war –

4

Es geht mir sehr schlecht, und ich habe Angst, daß er mir das nicht glaubt.
Wenn ich von mir sprechen will, greife ich ins Leere. Es ist alles zu diffus, um Worte dafür zu finden.
Er sagt: «Versuche nicht, es zu erklären.»

Als ich allmählich erkennen kann, wie sehr ich in das Familiensystem verstrickt bin, überschwemmt mich das alles. Wie soll ich jemals aus dem spürbar werdenden Wirrwarr herausfinden? Ich habe Angst, daß ich es nicht schaffen werde. Manchmal habe ich das Gefühl, auseinanderzufallen.

Die Bilder, die aufsteigen, stoßen an den Rand meines Bewußtseins und fallen zurück, bevor ich sie greifen kann. Manchmal glaube ich, zwei Personen zu sein. Wie Dr. Jekyll und Mr. Hyde in der Geschichte von Robert Louis Stevenson.

Zwischendurch die Kinderalpträume: Der schwarze Mann, vor dem ich in Todesangst davonlaufe und versuche, mich mit Schwimmbewegungen vom Boden hochzurudern, damit er mich nicht greifen kann. Oder ich springe aus dem Fenster im zweiten Stock, um ihm zu entkommen. Mit der Angst vor der Tiefe, in die ich falle. Nach dem schreienden Erwachen macht keine Lampe die Nacht übersehbar für das Kind.
Und dann der reale Kinderalptraum: Das im Hals steckenbleibende Essen und die Angst, daran zu ersticken, weggeprügelt zu bekommen.

In einer Gruppe soll ich sagen, wie ich mich fühle. Ich sage, daß ich das nicht weiß, und spüre das Unverständnis der anderen. Ich versuche, es zu erklären, aber ich werde dabei immer konfuser und komme mir dann selbst völlig unglaubwürdig vor.
Ich zweifle oft an meiner Wahrnehmung und weiß nicht, ob es wirklich stimmt, daß ich mich sehr schlechtfühle. Auch wenn ich körperliche Schmerzen habe, denke ich manchmal, daß ich sie mir vielleicht nur einbilde.

5

Ich habe Angst, zu fühlen, wie mich mein Vater schlug – immer wieder schlug.
Ich habe Angst, die Verlassenheit des Kindes zu fühlen. Allein gelassen mit den Alpträumen. Mit der Angst vor der Nacht und ihren Dämonen.
Ich habe Angst, die innere Isolation zu fühlen, in die sich das Kind zurückgezogen hat. Und in der ich mich heute noch befinde.
Ich habe Angst, den Schmerz nicht überleben zu können.

Ich kann das, was in mir abläuft, nicht ausdrücken, ich kann es mit Worten nicht greifen. Nur wenn ich ihm schreibe, kommen die Worte dafür manchmal aus der Tiefe hoch.
Seine Gegenwart tut mir gut.
Er bedrängt mich nicht und fordert nichts von mir. Er läßt alles so sein, wie es ist, und sagt, daß ich mit Vertrauen «nur für heute» weitergehen soll.

Den hochsteigenden Erinnerungen bin ich schutzlos ausgeliefert. Sie ziehen mich wie ein Strudel mit sich in die Tiefe und lösen Vernichtungsängste aus. Wenn ich innerlich ver-rücke, fängt er es auf.
Er nimmt auch dieses Mal das Risiko auf sich, daß ich mich hier umbringe.
Vertraut er mir?

6

Die Erinnerung an den schwarzen Mann, der in den Kinderalpträumen nach mir greift, zieht andere Schrecken hinter sich her.

Sie sind alle wieder da. Der Zigeuner, von dem die Erwachsenen sagen, daß er kleine Kinder mitnimmt. Die irre alte Frau, die drohend hinter dem schreienden Kind herläuft. Und auch das Mädchen aus dem Bilderbuch, aus dessen Fingern Blut tropft, weil es ein Messer angefaßt hat. Und der gerade erwachsen gewordene Mann, der das Kind mit harten Armen umklammert. Dessen Zunge Ekelgefühle auslöst.

Und dazwischen immer der Mann, der auf das Kind einschlägt – mein Vater. Und die Frau, die dann fortgeht – meine Mutter. Warum läßt sie mich so allein? Ihm ausgeliefert –

Und der dicke alte Mann, der Hausarzt, der dem Kind den schweren silbernen Löffel in den Hals stößt, um häufige Mandelentzündungen zu diagnostizieren. Ich hatte keine Chance gegen drei Erwachsene – zwei hielten mich fest, wenn ich schreiend um mich schlug.

Warum ist meine Urgroßmutter nicht mehr da? Warum hat mir niemand gesagt, daß sie nicht wiederkommt? Ihr Zimmer ist leer, und es riecht so seltsam darin. Ich komme mir so verlassen vor –

Später dann die Männer, die nichts von mir wollen als meinen Körper. Und die Männer, die mit Worten über mich herfallen, wenn ich nicht mit ihnen schlafen will. Wenn ich versuche, ein Stück von mir zu retten. Und der Mann, der so alt ist wie mein Vater. Es ist alles an mir vorübergelaufen wie ein Film –

Viel habe ich von mir nicht retten können.

Wenn ich mich im Spiegel sehe, habe ich nicht das Gefühl, daß ich das bin.
Wenn ich meinen Körper sehe, fühle ich nicht, daß er zu mir gehört.

7
Er hat mich nach meinem Lieblingsmärchen gefragt.
Rotkäppchen.

Die seit langer Zeit immer wiederkehrende Vorstellung – das hochkommende Bild bedrängt mich. Ich habe Angst –
Endlich spreche ich davon.
Und dann bin ich nicht mehr vorhanden.
Und dann wünsche ich mir, daß er den Arm um mich legen würde und ich mich bei ihm beschützt fühlen könnte.
Und dann weine ich. Ich weiß nicht, wie ich weiterleben soll.

Und wenn alles gar nicht so war? Wenn es nur in meinem kranken Hirn existiert? Wenn ich ein furchtbares Unrecht begangen habe, das zu sagen?
Mein Lieblingsmärchen: Rotkäppchen. Das Lieblingsmärchen vieler sexuell mißbrauchter Frauen.
Später sagt einmal eine junge Frau in einem Meeting mit versteinertem Gesicht: «Ich weiß nicht, wie ich damit weiterleben kann», und ich sage: «Ich verstehe es.»

8
Allmählich erfasse ich meine Geschichte. Das Hineingehören in eine miteinander in kranke Beziehungen und Gefühle verstrickte Familie. Nach außen geschützt durch den sozialen Status. Innen die lautlose seelische und körperliche Gewalt, nur unterbrochen von dem Schreien des kleinen Kindes. Irgendwann habe ich aufgehört zu weinen.

Wie bei einem Puzzle finde ich die einzelnen Teile meiner Kindergeschichte, die, zusammengesetzt, ein Bild ergeben. Er ist an meiner Seite. Er beantwortet mir meine Fragen. Manchmal, wenn das Lachen aus seinem Gesicht ganz verschwindet, spüre ich etwas von seinen eigenen Verletzungen.

Er erzählt mir die «Judenbuche», die Erzählung von Annette von Droste-Hülshoff, in der eine begangene Schuld nicht von den Betroffenen gerichtet wird. Aber sie wird nach vielen Jahren auf einer anderen Ebene gesühnt.
Später schreibe ich ihm darüber:

> Mir ist bewußt geworden, daß ich meine Eltern für das alles nicht einen einzigen Moment gehaßt habe. Und niemals den Wunsch nach Vergeltung hatte. Vielleicht hast Du mir im richtigen Augenblick damals die «Judenbuche» erzählt.

9
Werde ich meinen Eltern gegenüber in die Haltung kommen können, daß ich sie als meine Eltern annehmen kann – trotz allem? Ich habe begriffen, daß ich den Widerstand

gegen sie aufgeben muß, wenn ich mit den Kindheitserfahrungen ins reine kommen will. Werde ich zu ihnen ja sagen können?
Sie haben mich körperlich und seelisch mißhandelt, und meine Seele ist dabei kaputtgegangen. Um mit ihrem eigenen Leben einigermaßen zurechtzukommen, haben sie das Kind geopfert. Sie waren dabei an Kräfte gebunden, die stärker waren als Recht oder Unrecht, aber das spricht sie nicht frei von ihrer Schuld.
Sie haben mich nicht geliebt. Ich fühle mich furchtbar allein gelassen von ihnen –

Welche Kraft hat mich überleben lassen?
Warum hat mich das Gefühl, nirgendwo hinzugehören, nicht längst umgebracht?
Warum bringe ich mich nicht um?

Er stellt sich dazwischen, wenn die Nähe zu dem Geschehenen nicht ertragbar ist.
Er ist da, als der Schmerz die innere Versteinerung durchbricht.
Auch wenn er nicht da ist, fühle ich ihn hinter mir. Das schützt mich vor dem Auseinanderfallen.

10
Ich verbringe viele Nachtstunden mit Schreiben. Ich schreibe gegen den Schmerz an und gegen die Angst. Wie soll ich mit dem allen ins reine kommen?
Und wie soll ich mit einem Gott ins reine kommen, der das

alles zugelassen hat? Und der seinen Sohn ebenfalls für seine eigenen Zwecke benutzt und geopfert hat?

Die Geschichte von den beiden aus Stalingrad zurückgekehrten Soldaten, die er mir einmal erzählt hat, fällt mir ein: Der eine kann das Grauen, das er erlebt hat, nicht vergessen und zerbricht daran. Der andere nimmt sein geschenktes Leben an und macht etwas daraus.

Mein Leben? Ich habe überlebt. Aber ich bin mit meinem Leben gescheitert. Hätte ich es trotz allem besser machen können?
Wenn ich mein Leben überdenke, finde ich keinen Punkt, an dem ich bewußt etwas hätte besser machen können, denn ich habe nicht bewußt gelebt. Ich habe mich selbst gar nicht wahrgenommen und war mir so fremd, wie die anderen mir fremd waren. Ich habe mich ohne Gefühl für mich selbst treiben lassen, ohne Orientierung und ohne Ziel. Vielleicht mit ein bißchen Instinkt.
Bin ich an mir schuldig geworden?
Hätte ich es besser machen können?

11

Als ich beim letzten Mal aus der Klinik wegging, habe ich mich in den äußeren Trümmern meines Lebens einrichten müssen und lernen müssen, in ihnen zu leben.
Wenn ich dieses Mal die Klinik verlasse, muß ich lernen, mit dem zu leben, was meine Seele zertrümmert hat.

Als ich gehe, schreibe ich ihm zum Abschied auch eine Geschichte auf:

> Die Hummel wiegt 4,8 g. Sie hat eine Flügelfläche von 1,45 cm^2 bei einem Flächenwinkel von 6°. Nach den Gesetzen der Aerodynamik kann die Hummel nicht fliegen. Aber die Hummel weiß das nicht.

Erst viel später erkenne ich darin meine nicht gestellte Frage: Was geschieht, wenn der Hummel bewußt wird, daß sie nach den Gesetzen der Aerodynamik nicht fliegen kann?

5. Teil

1
Dieses Mal besteht die Wohnung nicht aus Kartons und Brettern wie beim vorigen Mal, sie ist eingerichtet, und ich finde darin etwas von mir wieder.
Dieses Mal komme ich auch mit tiefer Dankbarkeit für die Hilfe, die ich bekommen habe, zurück. Und für das wieder erfahrene liebevolle Verstehen.
Und auch dieses Mal fühle ich mich wie der Indianer, der wartet, daß seine Seele hinterherkommt.

Mit dem Satz «Nur für heute» und mit meiner Fähigkeit, mich nur auf das im Augenblick Wichtige konzentrieren und alles andere ausblenden zu können, steige ich in die Arbeit wieder ein wie nach einem verlängerten Wochenende.
Erst allmählich merke ich, daß ich die Klinik in einem Schockzustand verlassen habe. Daß das Sichtbarwerden meiner Kindheit und der kranken Beziehungen und Gefühle, zwischen denen ich hing, mich erstarren lassen hat. Je mehr ich zu mir komme, um so mehr kommt nun alles auf mich zu und bedrängt mich manchmal so sehr, daß ich Angst habe, den Boden zu verlieren. Morgens stürze ich oft ganz tief.
Werde ich damit ins reine kommen? Und werde ich alles so weit vergessen können, daß es nicht mehr so bedrohlich für mich ist?

Ich fühle mich elend und traurig. Und möchte mich verkriechen wie ein verwundetes Tier.
An manchen Tagen verliere ich die Kontrolle über das Essen und stopfe es in großen Mengen in mich hinein – ich fresse die Gefühle zu.
Die Erleichterung, die das bringt, ist immer nur von kurzer Dauer. Sie zieht Gewichtszunahme nach sich, die ich dann wieder korrigieren muß. Und Selbstvorwürfe.
Irgendwann begreife ich, daß ich die Freßanfälle abfangen kann, wenn ich aufpasse, wann der wirkliche Hunger aufhört und sich der Gedanke an das Essen in meinem Kopf festzusetzen beginnt. Und daß ich mich in diesem Augenblick bewußt gegen das Weiteressen entscheiden muß. Aber ich muß dann auch das aushalten, was ich zufressen wollte.
Als mir das klargeworden ist, hilft es mir, bewußter mit dem Essen umzugehen. Und mich auch nicht mehr zu verurteilen, wenn es mir trotzdem entgleitet.

2

Es fällt mir schwer, den Horror meiner Kindheit anzunehmen. Ich fühle mich verlassen und verraten. Und sehr verletzt. Ich möchte, daß alles anders gewesen sein sollte, und würde am liebsten das verletzte Kind umbringen.

Habe ich als Kind etwas falsch gemacht? Hätte ich es anders machen können? Wäre ich dann unbeschädigter davongekommen? Quälende Fragen, auf die ich keine Antwort weiß.
Ich will das alles vergessen, ich will wieder atmen können. Ich will darin nicht hängenbleiben. Davor habe ich Angst.

Die Stunden, in denen ich arbeite, schaffen für eine Weile etwas Abstand zu den bedrängenden Dingen. Sie sind so etwas wie ein Stück «normales» Leben.
Es erscheint mir oft wie ein Wunder, daß ich es geschafft habe, noch einmal neu anzufangen.

Ich wache sehr selten auf und kann mich an das erinnern, was ich geträumt habe.
In der letzten Nacht habe ich geträumt:
Ich fahre mit dem Auto durch eine dunkle Straße. Zwei Motorradfahrer kommen mir auf meiner Fahrbahn entgegen. Der vordere ohne Licht und der hinter ihm mit Licht. Sie fahren auf mich zu, und ich weiß, daß sie auf mich drauffahren werden. Ich weiche trotz der Gefahr des Gegenverkehrs auf die andere Fahrbahn aus und fahre davon.
Die Botschaft dieses Traumes verstehe ich sofort.

3

Es kommt mir alles zu nah – die Menschen und das ganze Leben kommen mir zu nah. Ich fühle mich schutzlos und ausgeliefert an alles.
Mein Körper schmerzt. Morgens wache ich manchmal auf und habe Zigarettengeruch in der Wohnung, der von nirgendwoher kommt. Manchmal rieche ich Rasierwasser. Ich hänge tief in dem sexuellen Mißbrauch drin. Die Dinge, die in meinem Inneren ablaufen, sind quälend, ohne konkret zu sein.
Müßte nicht alles an die Oberfläche gezerrt werden, um damit ins reine zu kommen?

Das Geschlagenwerden ist besser zu verstehen –
Ich muß ihn fragen, ich brauche seine Antworten.
Das Geschlagenwerden ist besser zu verstehen als das sexuelle Mißbrauchen eines kleinen Kindes –

Die Frage, auf die ich am meisten eine Antwort brauche und die ich an ihn als Mann stellen muß, beantwortet er, bevor ich sie gestellt habe.

Die Erinnerungen bringen mich mit ihren Gefühlen fast um.
Sein Vorschlag, Gutes von damals zu erzählen, erscheint mir unmöglich.
Vielleicht wäre es einfacher, wieder Tabletten zu nehmen –

Ich spreche zum ersten Mal in einem Meeting davon. Ich muß plötzlich davon sprechen.
Und habe das Gefühl, meine Eltern verraten zu haben.
Und spreche weiter davon.
Bis ich weiß, daß ich mich nun wieder davon abwenden muß.
Daß es wichtig war, alles auszusprechen, daß aber der Weg für mich dort nicht mehr weiterzuführen scheint. Die Gefahr, in dem Geschehenen hängenzubleiben, ist auch zu groß. Das ist bei einigen in der Gruppe spürbar.

4

Beim Autofahren passiert es jetzt immer wieder, daß die inneren Erinnerungen den Schmerz an die Oberfläche spülen und er aus mir herausschreit, ohne daß ich etwas dagegensetzen kann.

Das erste Mal wird das ausgelöst, als mich ein anderer Autofahrer schneidet und es fast zu einem Zusammenstoß kommt. Das einzige, worüber ich die Kontrolle einigermaßen behalte, als die Wut von dem aufsteigenden Schmerz weggeschwemmt wird, ist das Fahren. Völlig erschöpft und verstört komme ich bei meiner Arbeitsstelle an.
In der folgenden Zeit wiederholt sich das ohne einen sichtbaren Auslöser immer wieder. Oft bekomme ich plötzlich Weinanfälle. Oder fange an zu schreien.
Ich komme damit nicht mehr allein zurecht.

5
Es klingt alles so verrückt, und ich bin so durcheinander, vielleicht kann ich mich ihm gar nicht verständlich machen –

Er hat es verstanden. Das Gespräch mit ihm hilft mir, diese Zustände selber besser verstehen und einordnen zu können.
Hatte ich geglaubt, daß es genauso einfach sein würde, in die inneren Trümmer Ordnung zu bekommen, wie damals in die äußeren Trümmer?
Erst jetzt begreife ich wirklich, daß ich die seelischen Schäden, die ich durch das Erlebte habe, nicht hinter mir zurücklassen kann. Ich kann mich von dem, was gewesen ist, abwenden und meine Eltern mit ihrem Unglück und mit ihrer Schuld zurücklassen. Aber meine seelischen Verletzungen kann ich nicht zurücklassen – ich schleppe sie mit mir.
Die Geschichte von der Hummel, die ich ihm zum Abschied aufgeschrieben habe, fällt mir wieder ein und dazu nun die Frage: Was geschieht, wenn der Hummel bewußt

wird, daß sie nach den Gesetzen der Aerodynamik nicht fliegen kann?

6

Ich habe es immer geschafft, mich mit scheinbarer Leichtigkeit durch das Leben durchzusteuern. Oder besser: durchzumogeln. Meistens ist alles nur wie ein Film an mir vorübergelaufen – unwirklich und weit weg.
Hinter meiner offenen Art, mit der ich auf andere zugehe, vermutet niemand die Panik, in die ich komme, wenn mir ein anderer zu nah kommt.

Vor dem, was Schmerz ausgelöst hätte, hat sich das Kind schon sehr früh in eine andere Welt zurückgezogen. So habe ich nicht weinen müssen, als die beiden Wellensittiche plötzlich nicht mehr da waren. Oder meine Fische ins Klo gekippt wurden. Und auch meine Uroma plötzlich verschwunden war.
In meiner anderen Welt gab es so etwas nicht. Da gab es Zwerge und einen Wald mit Pilzhäusern, in denen sie wohnten. Und schillernde Käfer und weiches Moos. Dorthin konnte ich jederzeit.
Nur nachts, in den Träumen – da waren die Dämonen da, und ich mußte mich zu retten versuchen, indem ich aus dem Fenster in die Tiefe sprang oder davonflog.

Ich habe nicht ins Bett gemacht. Ich habe in die Hose gemacht. Viele Jahre lang. Aber wenn eins der Mädchen das gemerkt hat, habe ich keinen Ärger bekommen, es war ihnen gleichgültig.

Nur einmal habe ich mich deswegen geschämt. Als mir ein Arzt die Hose runterzog und in die Nässe griff.

7

Meine ganze Kindheit läuft hinter mir her, und ich suche nach einem Sinn, warum alles so sein mußte. Weil der Gedanke, daß es keinen gibt, Verzweiflung auslöst.
Ich schreibe ihm:

> Ich habe in diesen Tagen spät abends eine Katze im Keller gefunden, weil sie so geschrien hatte. Sie war ins Haus hineingeraten und dort versehentlich eingeschlossen worden. Sie war völlig verstört und wollte sich nicht anfassen lassen. Vielleicht bin ich auch so in mein Schicksal hineingeraten – zufällig und versehentlich.

8

Als die Kinderalpträume sich zurückziehen, werden mir die Dinge bewußt, die ich versäumt habe und die nicht nachholbar sind. Das «Niemals mehr» trifft mich wie ein Keulenschlag. Ich habe doch noch gar nicht richtig gelebt. Nicht nur meine Kindheit – mein ganzes Leben war eine Kette von Alpträumen, auf Abstand gehalten durch eine Unmenge von Tabletten. Wenn ich davongelaufen bin, haben sie mich immer wieder eingeholt. Weil ich vor mir selbst nicht davonlaufen konnte.
Was bleibt noch übrig? Gibt es einen einleuchtenden Grund, weswegen ich unter den Rest nicht einen Schlußstrich ziehen sollte?

Meinen Alltag kann ich kaum noch regeln, ich befinde mich in einem manchmal nicht mehr steuerbaren Chaos und zweifle an meinen Gefühlen und an meinem Verstand.

Sein Vorschlag, mich dem Leichten zuzuwenden, verunsichert mich noch mehr, als ich es ohnehin schon bin. Glaubt er mir nicht? Ist auch er jetzt auf meinen normal wirkenden Teil hereingefallen, weil mir für das andere die Worte fehlten? Aber er kennt mich doch –
Ich weiß nicht mehr, was falsch und was richtig ist. Zum ersten Mal ist wieder die Angst vor der Psychiatrie da.

9

Ich frage mich immer wieder, ob ich die Wahl gehabt hätte, mein Leben trotz allem anders zu leben? Nicht so daran vorbeizuleben, und nicht mit so leeren Händen jetzt dazustehen? Und ich stelle so unsinnige Fragen wie die, was ich getan habe. Wofür ich büßen muß.

Ich fahre nach Colmar zum Isenheimer Altar von Matthias Grünewald.
Die Identifikation mit dem in seinem ganzen Leiden dargestellten gekreuzigten Christus ist total. Durch alle anderen Bilder hindurch sehe ich nur dieses Bild und fühle das Gekreuzigtsein. Das läßt mich auch danach lange Zeit nicht los.

Als die Erinnerung dann langsam verblaßt, nehme ich auf den mitgenommenen Abbildungen die großen blutigen Kreuzi-

gungsmale des auferstandenen Christus wahr. Seine Wunden sind nicht von ihm genommen worden.
Vielleicht ist das seine Erlösung, daß er die Wunden angenommen hat. Und damit sein Gekreuzigtsein.

Mir wird auch noch eine andere Ebene der Christusgeschichte bewußt: die Tragik seiner Beziehung zum Vater. Daß er alles auf sich genommen hat, um die Liebe seines Vaters zu bekommen, und daß es vergeblich war. Selbst daß er sich für ihn ans Kreuz schlagen ließ, war vergeblich – der Vater hat sich ihm nicht gezeigt. «Warum hast du mich verlassen?» waren die letzten, verzweifelten Worte des sterbenden Christus.
Kein Maler hat Christus mit Tränen gemalt –

10
Immer mehr wird mir klar, wie tief ich als Kind in meiner Persönlichkeit verletzt und erschüttert worden bin. Jetzt bekommt vieles in meiner Biographie einen Sinn.
Ich kämpfe immer noch gegen die Tatsache, daß ich seelische Schäden habe, die mein Leben behindert haben und mich vieles nicht haben leben lassen. Ich sehe, daß es so ist, und will trotzdem immer noch, daß alles anders gewesen sein sollte. Ich kann davor nicht kapitulieren.

Wahrscheinlich werde ich damit nicht zurechtkommen, solange ich nicht bereit bin, es anzunehmen, wie es ist. Aber das kann ich mit dem Willen nicht «machen» – in diese innere Haltung kann ich nur langsam hineinwachsen.
Ich schreibe den Satz, den er einmal zu mir gesagt hat, auf den

Spiegel im Bad: «Du kämpfst gegen Dinge, gegen die du längst verloren hast.»
Den Spiegel benutze ich manchmal zur Kommunikation mit meinem Unterbewußtsein. Ich schreibe auf ihn das, was gerade für mich wichtig ist und was – immer wieder wahrgenommen – dann auf der unbewußten Ebene verändernd eingreift.

11
Daß ich nicht wieder einschlafen kann, wenn ich nach wenigen Stunden aufwache, gehört zu den Dingen, die ich nicht ändern kann. Ich habe gelernt, damit zurechtzukommen. Und auch damit, daß ich mich oft nicht ausgeruht fühle. Aber jetzt bin ich fast immer müde und erschöpft, denn der seelische Streß kostet doppelte Kraft.
Wenn ich aufwache, überfällt mich das ganze Leben und löst Ängste aus, ich muß mich darin immer erst wieder zurechtfinden. Meistens schreibe ich dann, das hilft mir, in dem beginnenden Tag anzukommen.

Auf dem Weg zur Arbeit höre ich Musik. Manchmal Lieder aus den 68er Jahren oder neuere Sachen, und manchmal klassische Musik. Auch Opern höre ich, ich liebe schöne Stimmen und die Dramatik der Opernmusik. Die Musik gleicht die Strapazen der Nacht aus.

Musik habe ich schon früh erfahren können, ich bin als Kind oft in Konzerte mitgenommen worden. Sie gehörte auch sonst in der Familie dazu.
Wenn ich auf den Anspruch verzichte, daß es mir selbst gegol-

ten haben sollte – wenn ich akzeptiere, daß das Kind austauschbar gewesen wäre –, dann bin ich dankbar, daß ich die Möglichkeit hatte, damals einen Zugang zur Musik zu bekommen.

12
Der Arzt, zu dem ich wegen der Trigeminusneuralgie gehe, will mir Psychopharmaka verschreiben. Meinen Hinweis, daß ich psychopharmakaabhängig bin, wischt er mit den Worten fort, daß nicht alle Psychopharmaka abhängig machen.
Warum wollen so viele Ärzte nicht sehen, daß die körperliche Abhängigkeit nur der eine Teil der Sucht ist? Daß Abhängigkeit sich auch im Kopf abspielt. Und im Unterbewußtsein. Daß Sucht auch eine geistige Krankheit ist. Der Arzt hat mich völlig verständnislos angesehen, als ich das gesagt habe.
Was wäre geschehen, wenn ich nicht so klar gewesen wäre? Ich werde mir einen anderen Arzt suchen.

13
Gegenüber ist eine Frau mit einem vierjährigen Mädchen eingezogen.
Die Frau hat eine harte und kalte Stimme. Das Kind ist blaß und schreit oft. Es schreit, wie nur ein mißhandeltes Kind schreit.
Ich fühle mich hilflos, weil ich das Kind mit seinem Unglück allein lassen muß.

14

Wenn mir das Geschlagenwerden einfällt, schiebt sich in mir eine Wand davor. Nur manchmal löst der Gedanke Panik aus. Dann fühle ich mich elend und ausgeliefert.
Warum hast du das zugelassen? Warum bist du dann aus dem Zimmer gegangen? Warum hast du mir nicht geholfen? Ich hätte dich so gebraucht.
Ich habe den Grund für dein Nichteingreifen inzwischen begriffen. Aber ich fühle mich so schrecklich im Stich gelassen von dir.
Hast du Schuldgefühle deswegen gehabt? Ich glaube es nicht. Ich habe dich später einmal gefragt, warum du nicht eingegriffen hast, und du hast geantwortet: «Ich wollte seine Autorität nicht untergraben.» Was für eine furchtbare Erklärung dafür. Ich glaube es dir sogar, daß du das dann so gesehen hast. Alles andere war ja sowieso weggeblendet. Darin warst du groß – nicht zu sehen, was du nicht wahrhaben wolltest.
Was immer du für gute Gründe dafür hattest – es hat dir nichts geholfen, er ist trotzdem gegangen. «Er hat uns verlassen» – dein ständiger Satz in den Jahren danach. Ich konnte ihn nicht mehr hören. Du hast im Grunde dabei nur an dich gedacht und wie schlimm es für dich war. Um ihn wiederzubekommen, hättest du mich, ohne zu zögern, weiterleiden lassen.
Und dein immerwährendes Dich-als-Opfer-Fühlen. Daß du schwer arbeiten mußtest, um die Kinder durchzubringen. Arbeiten – das gehörte nicht in deine Welt, das war unter deiner Würde. Und der stille Vorwurf deswegen, der immer mitschwang, wenn ich nicht deinen Vorstellungen entsprach. Damit wolltest du mir dein verkorkstes Leben in die Schuhe schieben. Und ich habe mich schuldig gefühlt. Auch dann

noch, als ich das begriffen hatte und mich von dem, was dich betraf, zurückzog. Da bist du mit bösen Worten auf mich losgegangen und hast uns jede Stunde verdorben, die wir zusammen waren. Und ich habe mich schuldig gefühlt, daß ich es nicht schaffte, daß wir friedlich miteinander umgingen.
Ich weiß, du hast wirklich ein elendes Leben gehabt. Von Anfang an. Aber das spricht dich nicht frei – du hast mitgemacht, daß meine Kindheit zur Hölle wurde. Ich hasse dich deswegen nicht, ich habe es niemals getan. Aber ich brauche dich nicht mehr. Ich lasse dich mit deiner Schuld zurück. Und mit deinem Unglück, ich will es nicht mehr tragen. Vielleicht kann ich irgendwann den Schmerz über das vergessen, was du und er dem Kind angetan haben.

15

Ich hatte mich als Kind so weit aus der Realität herausgezogen, daß ich oft das Gefühl hatte, alles nur zu träumen. Dadurch kamen mir die schmerzhaften Dinge nicht mehr nah.
Später hat der verhängnisvolle Mechanismus immer weiterfunktioniert. Ohne daß mir das wirklich bewußt gewesen ist, habe ich alles wie in einem Film – weit weg von mir selbst – erlebt. Der Mechanismus funktioniert auch heute noch. Wenn mir etwas zu nah kommt, verschwinde ich innerlich.
Mein Versuch, mich umzubringen, fällt mir ein, als ich etwas von Tucholsky lese, das er kurz vor seinem Selbstmord geschrieben hat: «Er ging leise aus dem Leben fort, wie einer, der eine langweilige Filmvorführung verläßt, vorsichtig, um die andern nicht zu stören.»

An der Kirche liegen die Obdachlosen. Die meisten trinken sich weg, um ihr Elend besser aushalten zu können.
Wieviel hätte gefehlt, um damals selbst auf einer solchen Seite des Lebens anzukommen? Es wird für mich niemals selbstverständlich sein, daß ich wieder Ordnung in mein Leben bringen konnte.

16

In der letzten Zeit geht es mir körperlich sehr schlecht. Meine Nebenhöhlen entzünden sich immer wieder, und ich habe starke Schmerzen im Kiefer. Es ist, als ob mein Körper stellvertretend den seelischen Schmerz übernimmt.
Oft wird mir auch plötzlich so übel, daß ich erbrechen muß. Dabei werde ich manchmal ohnmächtig. Wenn ich wieder zu mir komme, bin ich sehr benommen und falle dann in einen todesähnlichen Schlaf. Es ist wie ein Zustand zwischen Leben und Tod. Ohne Bedürfnisse und ohne Angst. Nach ein paar Tagen komme ich wieder im Leben an.
Der Arzt kann nichts finden. Ob er mir glaubt, weiß ich nicht, ich kann es so schwer vermitteln. Und ist das überhaupt nachvollziehbar?

Ich schreibe seinen Satz «Nur für heute will ich Mut behalten» auf den Spiegel im Bad.
Manchmal hilft mir der Gedanke an seine Telefonnummer weiter. Auch wenn ich sie nicht betrete, besteht die Brücke zu ihm.

17
Ich bin mit einer Gruppe einige Tage in einem Kloster gewesen. Das Zurückgezogensein von der Welt und die Ruhe dort haben gut getan. Die innere Unruhe – das ständige Auf und Ab in mir – war nicht so spürbar. Und es haben sich ein paar gute Gespräche ergeben.
Es war auch noch mal ein Bewußtwerden, wie wenig selbstverständlich alles ist.

18
Ich habe in mir zwei Programme, die extremer nicht sein könnten. Auf der einen Seite kann ich das, was ich gelernt und begriffen habe, immer besser einsetzen. Der eine Teil von mir kommt gut zurecht. Auch mit schwierigen Sachen.
Aber es gibt Situationen, wo die Dinge für mich nicht steuerbar sind. Sie verschieben sich in mir in den Dimensionen und verselbständigen sich. Ich bin ihnen dann völlig ausgeliefert und habe Angst, von ihnen vernichtet zu werden. Der andere Teil von mir steht fassungslos daneben und sieht zu, ohne eingreifen zu können.
Ich mache Bungeespringen zwischen zwei Wirklichkeiten.

19
Ich bin zum ersten Mal allein in den Urlaub gefahren. Sonst habe ich mich immer an andere Leute drangehängt. Jetzt bin ich kurz entschlossen hierhergefahren – oder besser: hierhergeflüchtet. Ich mußte mir und meinem Leben mal in einer anderen Umgebung begegnen.

Auf der Insel gibt es keine Autos. Keine Rennstrecken aus Asphalt haben sie zerstört, und die Natur hat hier Vorrang vor allem anderen. Die wenigen Plastikflaschen, in denen es Getränke zu kaufen gibt, kosten viel Pfand, und als ob es einen Zusammenhang gibt, liegen keine Verpackungsüberreste herum wie sonst überall. Ohne daß ich jemanden sehe, der sie wegräumt.
Die Unversehrtheit der Natur berührt mich. Und auch die Bedürfnislosigkeit der Pflanzen, die in dem sandigen Boden blühen. Der Sonne und dem Wind ausgeliefert. Ihr Mut und ihre Schönheit tun mir weh. Manchmal sitze ich spätabends, wenn es kühl ist und kaum noch jemand am Strand ist, im Strandkorb, und das Meer trägt mich in die Unendlichkeit. Dann sind die innere Unruhe und die Zerrissenheit nicht mehr so spürbar. Die Unbegrenztheit des Meeres läßt alles leichter werden.
Ich finde schöne Lokale und gutes Essen. Die zufälligen kurzen Begegnungen, die sich am Strand und beim Essen ergeben, stellen keine Anforderungen und bringen Impulse in das Alleinsein. Die vielen Muscheln, die ich sammle, weil mich ihre Verschiedenartigkeit fasziniert, lasse ich bei der Abreise zurück, als ich an meine Einzimmerwohnung denke. Nur so viele, wie in eine Niveacremedose hineinpassen, nehme ich mit.

Der Urlaub war eine neue Erfahrung. Und das Alleinsein in dieser Umgebung hat mir gutgetan.
Das Abgeschnittensein der Insel vom Festland hat mir aber auch meine eigene innere Isolation wieder bewußtgemacht und wie weit weg ich mich immer in der Gegenwart anderer fühle.

20
Wenn ich an meinen Vater denke, ist nichts da. Er ist in mir verlorengegangen, und ich suche nicht nach ihm.
Manchmal sehe ich ihn über mich gebeugt. Wie er mit wutverzerrtem Gesicht auf mich einschlägt. Immer wieder. Ich sehe den Stock – wie er auf mich niedersaust. Dann schreit in mir das verletzte Kind. Ich fühle das Schreien, aber ich habe vergessen, wie man darüber weint.
Hat das, worauf er einschlug, so viel Raum in ihm eingenommen, daß er das Kind nicht wahrgenommen hat?

Manchmal sehe ich etwas von dem Mißhandeltwordensein in meinem Gesicht.
Ich habe einmal einen Film gesehen, in dem eine Frau alle Spiegel verhängte, weil ihr Spiegelbild frühe Traumatisierungen zurückholte.

21
Ich habe die Babypuppe verschenkt. Ich hatte sie ganz spontan gekauft, sie hatte mich an das Kind erinnert, das ich einmal war. Aber als ich sie dann ständig gesehen habe, ist es mir damit nicht gutgegangen.

Wenn mir bewußt wird, wie «normal» ich mit meinem Alltag umgehe, fällt es mir manchmal schwer, zu glauben, daß es noch dieses andere Programm in mir gibt.
Warum verselbständigen sich manche Dinge und werden zu inneren Katastrophen, in denen ich mir verlorengehe? Verselbständigt sich dann etwas von dem, was ich von früh an

abgespalten habe, um es überleben zu können, und holt mich nun in diesen psychotischen Zuständen wieder ein?
Muß ich davor kapitulieren? Wie man vor einer unheilbaren Krankheit kapitulieren muß? Aber es macht mir angst.

In der letzten Zeit habe ich angefangen, das aufzuschreiben, was mir von dem Zeitpunkt an einfällt, als ich allmählich merkte, daß ich andere Hilfe brauchte als die Tabletten. Vielleicht hilft es mir irgendwie weiter, wenn ich einmal bewußt auf alles zurücksehe.

22

Ich komme wieder aus der Abgeschiedenheit des Klosters zurück. Ich habe die Tage dort mit Menschen verbracht, deren Leben ebenfalls irgendwann einen Knick bekommen hat. Und die auch einen Weg gesucht haben, die Folgen traumatischer Erfahrungen zu überleben, und hierbei dem Zwölf-Schritte-Programm begegnet sind. Es hat gutgetan, sprechen zu können, mit der Gewißheit, verstanden zu werden. Das Scheitern nicht erklären zu müssen. Und es nicht angezweifelt zu sehen, wenn das äußere Bild etwas anderes vermittelt.
Die Nonnen dort sind fröhlich und aufgeschlossen. Sie akzeptieren unsere andere Spiritualität.
Die Tage waren für mich auch eine Suche nach der inneren Orientierung. Die mir immer wieder verlorenzugehen droht.

23

Das Aufschreiben hilft mir, das innere Durcheinander übersehbarer zu machen. Es nimmt jetzt viel Raum ein und beschäftigt mich oft auch, wenn ich nicht schreibe.
Meistens schreibe ich in den frühen Morgenstunden. Wenn das Nichtmehrschlafenkönnen einsetzt und ich die Nacht langsam hinter mir lasse und noch nicht im Tag angekommen bin. Bevor das alltägliche Geschehen mich mit sich fortträgt und ich mir in seinem Ablauf dann allmählich abhanden komme.

Durch das bewußte Zurückerinnern ist mir noch einmal sehr klargeworden, daß mir mein wirklicher Zustand gar nicht bewußt gewesen ist. Und die Tabletten, die ich über viele Jahre meines Lebens in immer größer werdenden Mengen genommen habe, haben mich zusätzlich immer weiter von mir weggebracht.
Wann habe ich angefangen, Psychopharmaka zu nehmen? Ich weiß es nicht. Ich erinnere mich nicht, welcher Arzt sie mir zum ersten Mal verschrieben hat.
Am Anfang habe ich sie unregelmäßig genommen. Wann und wie ich sie brauchte. Ich habe sie immer wieder verschrieben bekommen, das Rezept war oft das einzige, womit ich aus einer Sprechstunde, einem Gespräch herauskam. Und weil sie immer weniger wirkten, habe ich immer mehr davon genommen. Ich weiß nicht, ob ich anders damit umgegangen wäre, wenn mich am Anfang ein Arzt auf die Gefährlichkeit stimmungsverändernder Medikamente hingewiesen hätte. Sie schienen die einzige Möglichkeit zu sein, um mich etwas besserzufühlen. Und diese Möglichkeit war dann zu verführe-

risch, als daß ich mich später noch gegen sie hätte entscheiden können. Daß ich allmählich abhängig geworden war, war mir nicht bewußt.

24

Die Erinnerungen fließen wie von allein aufs Papier, und ich überlege manchmal, ob sich daraus nicht ein Buch machen ließe? Ein Bericht über das Herausfinden aus Tablettenabhängigkeit und Psychiatrieaufenthalten. Und über die Hilflosigkeit und die Hilfe, die ich erfahren habe. Ich weiß nicht, ob ich von diesen sehr persönlichen Dingen so schreiben kann, daß sie sich nicht spektakulär anhören. Und auch nicht dramatisch oder larmoyant klingen. Ob ich die Worte finde, um mit dem nötigen Abstand davon zu schreiben und trotzdem nicht zu weit weg zu bleiben.
Ich werde sehen, wohin es fließen will.

25

Als die Wirkung der Tabletten trotz der immer größer werdenden Mengen immer mehr nachließ und ich andere Hilfe brauchte, haben sich die Therapeuten sehr schnell herausgezogen, wenn sie merkten, daß ich unfähig war, mich mitzuteilen. Ich bin aus jeder Therapie und aus jeder Klinik noch kränker herausgekommen, als ich hineingegangen bin, und noch verunsicherter in mir selber. Und die Erfahrung, fallengelassen worden zu sein, war die Fortsetzung der frühen traumatischen Erfahrungen.

Ohne ihn hätte ich mich wahrscheinlich umgebracht. Oder wäre immer wieder in der Psychiatrie gelandet. Ich hatte mich langsam immer mehr aus dem Leben ausgeklinkt, und alles, was mit mir zu tun hatte, war genauso verschwunden wie ich selber.

Er ist mir mit liebevollem Akzeptieren meiner Möglichkeiten entgegengekommen und war trotz der offensichtlichen Aussichtslosigkeit bereit, seine eigene Angst, zu scheitern, hintenanzustellen. Dadurch habe ich langsam zu mir finden können. Und später dann auch zu meiner vergessenen Kindheit. Er hat mir geholfen, mich mit meiner Lebensgeschichte auseinanderzusetzen und sie zu verstehen. Und sein Mitgehen und seine Einfühlsamkeit haben mir auch über die Augenblicke hinweggeholfen, in denen ich aufgeben wollte.

Der Weg, den ich mit seiner Hilfe gefunden habe, hat mich dorthin geführt, wo ich heute bin. Ich bin dankbar für die Erfahrungen, die ich machen konnte. Sie waren getragen von der inneren Gewißheit, nicht allein gelassen zu sein.

Wenn er vielleicht einmal etwas nicht richtig gesehen hat oder mal etwas Falsches gesagt hat, hat das dann keine Rolle mehr gespielt, ich habe es richtig umsetzen können.

In Zeiten des Zweifelns und der Angst höre ich ihn manchmal sagen: «Es ist alles o. k. so, wie es ist.»

26

Jetzt bin ich mit dem Schreiben im Heute angekommen. Es sind viele Monate vergangen, seitdem ich damit angefangen habe.

Das Zurücksehen hat mir bewußtgemacht, wie sehr ich mich verändert habe, und es hat mich manches klarer erkennen lassen. Es war auch noch einmal eine Auseinandersetzung mit allem. Oft war es schmerzhaft, und manchmal waren die Erinnerungen so bedrängend, daß ich alles für ein paar Tage innerlich weggeworfen habe, um wieder Abstand davon zu bekommen. Manchmal war auch das Gegenwärtige so vorherrschend, daß kein Raum für das Vergangene blieb.
Es war eine lange Reise von dem Tag an, als ich auf dem S-Bahnsteig stand und mich vor den Zug werfen wollte. Und nicht wußte, warum.

27

Das, was hinter mir liegt, vom Anfang meines Lebens an, kann ich nicht aus meiner Lebensgeschichte auslöschen. Die frühen Erfahrungen haben mich geprägt, sie werden mir immer wieder in mir selber begegnen. Es fällt mir immer noch schwer, ja dazu zu sagen, aber ich habe aufgehört, dagegen anzukämpfen.
«Du bist seelisch behindert» – diese Worte, als er sie sagte, haben mich sehr getroffen. Ich habe mich gebrandmarkt gefühlt und mit einem Makel behaftet. Aber sie haben mir geholfen, hinzusehen und zu begreifen, daß ich keine andere Wahl habe, als damit zu leben oder mich umzubringen.

Manchmal holt mich die Trauer über das nicht gelebte Leben ein, und ich frage mich, ob das, was übriggeblieben ist, genug ist? Manchmal glaube ich, daß ich einen zu hohen Preis für mein Leben bezahlt habe.

Vielleicht hätte ich eine größere Chance gehabt, wenn ich mich mit allem früher hätte auseinandersetzen können. Wenn ich jünger gewesen wäre. Aber ich glaube, daß es bei diesen Dingen nicht um früher oder später geht, sondern um den richtigen Zeitpunkt.
Auf den Spiegel im Bad habe ich geschrieben: «Alles hat seine Zeit.»

28
Meine Eltern kann ich jetzt so sein lassen, wie sie waren. Ich habe meine Vorstellungen, daß sie anders hätten sein sollen, aufgeben können. Und damit habe ich auch den Wunsch losgelassen, daß ich einmal hätte spüren können, daß ich zu ihnen dazugehöre. Und daß sie mich lieben.
Ich glaube nicht, daß das Schmerzhafte solcher Kindererfahrungen wirklich vergessen werden kann. Auch wenn viele der Wunden langsam verheilen, werden die Narben brüchig bleiben, und die inneren Erschütterungen werden mich wahrscheinlich immer wieder einholen.

In sehr belastenden Situationen denke ich manchmal, daß es einfacher wäre, mit Tabletten alles weniger spürbar zu machen. Doch ich weiß, daß das keine Lösung ist und wie groß die Gefahr ist, wieder in den Teufelskreis der Abhängigkeit zu geraten. Und davor habe ich Angst.
Es ist dann eine große Hilfe, daß das Zwölf-Schritte-Programm ein Vierundzwanzig-Stunden-Programm ist und ich mich immer nur für einen Tag gegen die Tabletten entscheiden muß.

Die Halsschmerzen begleiten mich weiterhin.
Manchmal sind sie in unverändert heftiger Form da. Und dann sind sie plötzlich eine ganze Zeitlang fort, und ich vergesse sie. Und genauso unvorhersehbar sind sie dann wieder da.
Als ich die Klinik verließ, sagte er: «Vielleicht wird dir irgendwann ihre Bedeutung klar. Vielleicht bleiben sie aber auch für immer ein Geheimnis.»

29

«Gott gebe mir die Gelassenheit,
die Dinge anzunehmen,
die ich nicht ändern kann,
den Mut, die Dinge zu ändern,
die ich ändern kann,
und die Weisheit,
das eine vom anderen zu unterscheiden.»

Dieser Gelassenheitsspruch und der Satz «Nur für heute» aus dem Zwölf-Schritte-Programm sind zwei wichtige Wegbegleiter für mich geworden, ohne die ich mir mein Leben nicht mehr vorstellen könnte.
Ich könnte es mir auch nicht mehr vorstellen ohne den Glauben an eine Kraft, die mich führt. Auch wenn meine Beziehung zu Gott wahrscheinlich immer ambivalent bleiben wird. Ich kann ihn nicht als einen liebenden Gott sehen – es spricht zu vieles dagegen. Ich sehe ihn als eine Kraft, die ausgleicht, die genauso zerstörerisch ist, wie sie lebenerschaffend ist. Der im Zwölf-Schritte-Programm verwendete Begriff «Höhere Macht» läßt mich unbefangener mit dieser Kraft umgehen.

30

Ich besuche eine Frau aus der Gruppe in der Psychiatrie. Sie war in der letzten Zeit sehr durcheinander. Nun ist sie dort. Ich habe mit ihr sonst nicht viel Kontakt, aber es ist so wichtig, sich dort nicht vergessen zu fühlen. Ich weiß es.
Wenn ich einkaufe, parke ich immer in der Nähe des Krankenhauses. Als ich jetzt durch das Tor fahre und die Atmosphäre wieder spürbar wird, löst das Beklemmung aus. Ich fühle wieder die Dumpfheit und die Apathie von damals. Und die innere Orientierungslosigkeit. Wie viele Jahre ist es her, seit ich zum ersten Mal dort war? Es ist, als wäre es in einem anderen Leben gewesen.
Sie haben sie mit Tabletten vollgepumpt. Genauso wie mich damals. Sie hat dadurch etwas Zombiehaftes. Sie darf bald nach Hause – wie wird ihr Leben weitergehen?
Als ich wieder in mein Auto steige und zurückfahre, fühle ich eine tiefe Dankbarkeit, daß ich die Chance hatte, davonzukommen. In all den Jahren, die damals folgten, habe ich manchmal geglaubt, daß ich irgendwann für immer dortbleiben müßte – nicht mehr fähig, mein Leben allein zu regeln.

31

Noch einmal fällt mir jetzt die Geschichte von der Hummel ein –
Vielleicht ist es für die Hummel gar nicht wichtig, daß sie nach den Gesetzen der Aerodynamik nicht fliegen kann. Vielleicht zählt für sie nur, *daß* sie fliegt – in diesem einen Augenblick, der ist.

Ich schreibe an ihn:

Als ich angefangen habe, diesen Bericht zu schreiben, habe ich mich immer wieder gefragt: Wird das, was in den frühen Morgenstunden so leicht aufs Papier fließt, der nüchternen Betrachtungsweise des Tages standhalten? Gebe ich nicht zu viel preis? Werde ich von diesen Dingen so schreiben können, daß ich sie mit den Worten nicht zerstöre? Später habe ich dann nicht mehr darüber nachgedacht und habe darauf vertraut, daß es richtig werden würde.

Jetzt liegen die fertigen Seiten vor mir. Das, was ich aufgeschrieben habe von meiner Geschichte. Ich gebe es aus den Händen in Dankbarkeit, daß Du da warst, als ich mit meinem Leben nicht mehr weiterwußte. Und daß Du durch meine Ver-rücktheit hindurch an mich geglaubt hast.

Nachtrag

Von Heinz-Peter Röhr

Das Borderline-Syndrom

Wie bereits im Vorwort erwähnt, findet der interessierte Leser im folgenden einige kurze – und damit notgedrungen auch unvollständige – Informationen zur Borderline-Störung aus psychologischer Sicht. Ich habe mich um eine allgemeinverständliche Beschreibung bemüht, damit auch Betroffene und Angehörige ein Verständnis für diese Persönlichkeitsstörung entwickeln können.

Das Borderline-Syndrom hat viele Facetten, was auch in dem Begriff «Syndrom» (= Gruppe zusammengehöriger Symptome) zum Ausdruck kommt. Jeder Betroffene entwickelt entsprechend seiner Anlagen und der Einflüsse der Außenwelt eine spezifische Ausprägung dieser Störung. So verbinden sich auch im «Protokoll einer Heilung» von Berit Anders sehr persönliche Wesenszüge mit typischen Symptomen des Borderline-Syndroms. Betroffene erreichen schon dadurch Entlastung und Erleichterung, daß sie Aspekte ihres Leidens im Bericht der Autorin wiedererkennen und den hoffnungsvollen, wenn auch schwierigen Prozeß der Selbstfindung mitgehen können.

Was ist eine Borderline-Störung?

Unter Borderline-Störung ist eine frühe Störung der Persönlichkeitsentwicklung zu verstehen; das heißt, die Wurzeln liegen in den allerersten Lebensjahren. Der Begriff «Borderline» läßt sich frei übersetzen als «Grenzgänger» oder «Grenzzustand». Auf merkwürdige Weise fühlen sich diese Menschen am Rande des Abgrunds wohler als am sicheren Ufer. Das drückt sich darin aus, daß Borderline-Gestörte Extremsituationen suchen und überhaupt im Extremen leben. Nach der Maxime «Alles oder nichts» spalten sie die Welt in Schwarz und Weiß, in Gut und Böse. Zwischen beiden Polen ist kaum etwas vorhanden; denn die Zwischentöne, die Farben, fehlen und damit auch die Fähigkeit, Mitmenschen realistisch wahrzunehmen. Da sie diese strikt in gute und böse aufteilen, kommen *normale* Menschen, die gute *und* böse Anteile in sich tragen, in ihrer Wahrnehmung quasi nicht vor.

Wie ein roter Faden zieht sich dieses Problem der Spaltung in Extreme durch das Leben der Betroffenen. Es wirkt sich besonders in Beziehungen verheerend aus und gestaltet das Leben zu einem Chaos. «Ist jemand für mich oder gegen mich?» – «Wenn er für mich ist, ist er mein Ideal, und ich werde alles für ihn tun; ist er gegen mich, werde ich ihn gnadenlos abwerten und mit allen nur denkbaren Mitteln bekämpfen.» Dabei kann Idealisierung rasch und für das Gegenüber völlig unerwartet in Abwertung umschlagen, so daß in Beziehungen kaum Stabilität möglich ist. Therapie wird vor allem die Aufgabe haben, diese Spaltung zu bearbeiten.

Wie entsteht die Borderline-Störung?

Den Beginn der Borderline-Störung müssen wir, wie schon gesagt, in der frühen Kindheit suchen. Für die seelische Zufriedenheit benötigt ein Säugling liebevolle Zuwendung sowie Hautkontakt in Form von Streicheln und Liebkosungen – er will die Mutter fühlen, riechen und schmecken. Er sucht einen möglichst engen Kontakt zu ihr und fühlt sich in der ersten Zeit wie eins mit ihr, in einer *Symbiose*, so der Fachausdruck für diese erste Bindung zwischen Mutter und Kind. In welchem Maße diese erste, enge Beziehung gelingt, ist grundlegend für die weitere Entwicklung des Kindes. Urvertrauen kann nur entwickeln, wer sich in den ersten Lebensjahren mit allen Fasern seiner Existenz geborgen und willkommen gefühlt hat.

Zunächst ist der Säugling nur in der Lage, zwischen den beiden Polen Lust und Unlust zu unterscheiden. Lust bereiten ihm in erster Linie Saugen und zufriedene Sattheit, aber auch der körperliche Kontakt und das Gestreicheltwerden. Unlust empfindet er bei Hungergefühlen, Schmerzen und beim Gefühl, von der Mutter (oder einer anderen nächsten Bezugsperson) getrennt zu sein. Gesunde Säuglinge reagieren auf Mangelerlebnisse mit Wut, welche sich in lautem Schreien äußert.

Wenn das Kind größer geworden ist, versucht es, sich vorsichtig von der Mutter zu entfernen, die Symbiose mit ihr zu verlassen, um die Unabhängigkeit zu erproben. Stellt sich Angst ein, wird das Kleinkind rasch wieder die Nähe der Mutter suchen, denn es möchte sich ihrer Nähe versichern, Sicherheit auftanken, dann aber erneut auf Entdeckungsreise gehen, um seinen Lebensraum zu erweitern. Auf diese Weise lernt das gesunde Kind in den ersten Lebensjahren allmählich, selbständiger zu werden.

Nach Meinung vieler Fachleute konnte die Mutter dem später Borderline-Gestörten die notwendige stabile Symbiose nicht bieten. Dies kann verschiedene Ursachen haben: Ist sie infolge eigener Schwierigkeiten, die sie überfordern, zu sehr mit sich selbst beschäftigt, vermag die Mutter möglicherweise nicht, genügend auf ihr Kind einzugehen; oder sie erlebt das Kind als Störung, so daß sie es nicht vorbehaltlos lieben und annehmen kann; äußere Umstände – zum Beispiel Krankheit von Mutter oder Kind – können eine mehr oder weniger lange Trennung erzwingen; oft ist auch der Erziehungsstil chaotisch, und liebevolle Zuwendung wechselt mit Ablehnung, was starke Angst und Unsicherheit auslöst. In all diesen Fällen fühlt sich der Säugling verlassen. Und da er absolut von seiner Mutter abhängig ist, erlebt er dies als eine existentielle Bedrohung.

Wenn das Kind zur Bewältigung dieser Ängste keinerlei Unterstützung von anderer Seite bekommt, ist es gezwungen, alleine damit fertig zu werden. Hierfür steht ihm in der frühen Lebensphase lediglich eine einzige «Schutzmaßnahme» zur Verfügung: der Abwehrmechanismus der *Spaltung*. Das heißt, das kleine Kind spaltet seine Angst zumindest zeitweise ab, so daß sie nicht mehr spürbar ist. Es flüchtet in eine innere (Traum-)Welt und entfernt sich so von der Realität. Die Angst ist jedoch nicht wirklich verarbeitet, wirkt im Unbewußten weiter und drängt irgendwann mit explosiver Sprengkraft an die Oberfläche. Hier findet sich die Quelle für eine zerstörerische Energie, die Betroffene gegen sich selbst und andere richten.

Alle nun folgenden Entwicklungsphasen werden durch die frühe Störung beeinträchtigt und können nicht unbeschwert durchlaufen werden. Anstelle ruhiger innerer Sicherheit und Stabilität erfährt der Borderline-Gestörte ein inneres Chaos. Er bleibt an dem Schutzmechanismus hängen, der ihm als

Kleinkind das Überleben sicherte, und lernt nicht, die Welt differenziert wahrzunehmen. Er erlebt sie weiterhin in Extremen und spaltet sie in Nur-Gut und Nur-Böse.
Der Mangel an Zuneigung und Geborgenheit wie auch frühe seelische Verletzungen führen zu einer exzessiven Gier nach Sicherheit, Liebe und Akzeptanz. Zudem wirken diese Menschen häufig so, als wollten sie für die erlebten Demütigungen und Kränkungen Rache nehmen. Nur zu oft wird jedoch Rache am eigenen Körper und an der eigenen Person genommen.

Woran ist eine Borderline-Störung zu erkennen?

Menschen mit einer Borderline-Störung finden in sich selbst keine Sicherheit und Stabilität. Die Persönlichkeit scheint sich mitunter aufzulösen, sie fragmentiert. Ab und zu stellt sich Betroffenen die ganz grundlegende Frage: «Wer bin ich?» Andere Personen werden zeitweilig als merkwürdig fremd und unwirklich empfunden. Auch die sexuelle Identität kann unsicher sein.
Typischerweise werden eine Fülle von Symptomen und Konflikten beobachtet, die häufig wechseln. Folgende Symptome sind Hinweise auf eine mögliche Borderline-Störung, wobei nicht alle gleichzeitig vorhanden sein müssen:

- Panische Ängste, archaische Wut, Mißstimmungen, Lust am Zerstören und ständig wechselnde Gefühlslagen kennzeichnen den Alltag. Das Leben ist wie ein Tanz auf einem Vulkan.
- Es droht der Durchbruch übermäßiger Wut, eventuell im

Sinne eines Kontrollverlustes; auch andauernde Wut und Prügeleien gehören hierzu.

- Exzessives und impulsives Verhalten prägen das Leben, zum Beispiel beim Geldausgeben und im Sexualverhalten; auch Suchtmittelmißbrauch, rücksichtsloses Fahren, Freßattacken oder umgekehrt exzessives Hungern gehören in diese Rubrik. Das Gewissen funktioniert nur beschränkt, Werte und Regeln werden häufig ignoriert. Betrug, Diebstahl, kriminelle Delikte sind auf diesem Hintergrund zu verstehen.
- Suiziddrohungen beziehungsweise -versuche sowie selbstverletzendes Verhalten sind häufig zu beobachten.
- Betroffene klagen oft über ein chronisches Gefühl der Leere oder Langeweile.
- Alleinsein erscheint unerträglich und wird von Betroffenen mit allen möglichen Mitteln verhindert.
- Sehr häufig finden sich intensive, aber instabile (wackelige) zwischenmenschliche Beziehungen, die zwischen zwei Extremen pendeln: zwischen Überidealisierung (der Partner wird in den Himmel gehoben) und extremer Abwertung. Menschen mit Borderline-Störung werden in Beziehungen für fast ständige Unruhe sorgen. Diese Beziehungsprobleme haben tiefere Ursachen und spezifische Ausdrucksformen.

Borderline-Störung und Beziehung

«Meine erste Frauenbeziehung fällt mir ein. Damals habe ich auch die Stadt verlassen. Es ist lange her. – Nach diversen

> Männerbeziehungen verliebe ich mich damals in eine Frau und glaube, glücklich zu sein. ... Ich weiß damals nicht mehr, wo ich hingehöre. Am Anfang dieser Beziehung scheint diese Frage beantwortet zu sein, doch sehr bald scheitern wir an unserer Verschiedenartigkeit. Und bleiben noch viele Jahre zusammen. Dann laufe ich davon. In den Jahren, die folgen, wird die Sehnsucht nach Zusammenleben immer mehr zerstört von der Angst vor Berührung. Als ich mich noch einmal verliebe, wird daraus eine zerstörerische Beziehung.»

Betroffene finden in sich eine tiefe Sehnsucht nach Verschmelzung, einen großen *Liebeshunger.* Dieser hat seine Wurzeln in der unbefriedigend verlaufenen frühkindlichen Beziehung zur Mutter, die die Symbiose nicht in ausreichender Weise ermöglichen konnte. Er führt zu einem typischen Verhaltensmuster in Beziehungen:

- Borderline-Gestörte suchen den Mangel an Symbiose in der frühen Kindheit auszugleichen, indem sie intensive, extrem enge (symbiotische) Beziehungen anstreben. In diesen engen Beziehungen findet rasch eine Verschmelzung statt.
- Diese ist so tief und stark, daß sie bedrohlich wird. Es tritt eine große Angst auf, sich selbst zu verlieren, in absolute Abhängigkeit zu geraten oder vernichtet zu werden. Dies erscheint unerträglich, so daß Distanz geschaffen werden muß.
- Das erfolgt durch eine «Umwertung»: Die gerade noch idealisierte Person wird jäh abgewertet. Der Blick richtet sich mit unerbittlicher Schärfe auf die negativen Eigen-

schaften des Gegenübers, und die Kritik ist vernichtend. Mittels Streit und Entwertung wird also Distanz geschaffen, und die Gefahr, sich in der Beziehung zu verlieren und ausgeliefert zu sein, scheint gebannt.

- Nun besteht aber das Risiko, daß die Beziehung verlorengeht. Auch dies scheint unerträglich, und die Angst vor dem Verlassenwerden ist überwältigend. Um sich vor dem drohenden Verlust des Partners zu schützen, ist eine erneute Idealisierung erforderlich. Jetzt ist alles zu tun, um diesen zu beruhigen und sich seiner Zuneigung zu versichern. Aus dem gerade noch abgelehnten und entwerteten Partner ist wieder eine wunderbare und ideale Traumfigur geworden.

Die tiefe und frühe Störung der Persönlichkeit bewirkt ein geradezu suchtartiges Verlangen nach Partnerschaft und Zuneigung. Alleinsein wird kaum ertragen, ebensowenig aber große Nähe. Betroffene leben in dem Dilemma, weder in einer Beziehung noch ohne sie leben zu können. Die Beziehungen sind in der Weise stabil, daß sie chaotisch instabil sind. Man nennt sie daher *stabil-instabil*; das einzig Stabile daran ist die Instabilität. Nicht selten wechseln Menschen mit Borderline-Störung häufig die Partner.

Oft werden diese mit sogenannten «Psychospielen» manipuliert. Zum Beispiel Herr K.: Er weiß, daß die Partnerin durch Erzeugung von Schuldgefühlen manipulierbar ist. So hält er sie in der ständigen Sorge, daß er Selbstmord begehen könnte. Seine Botschaften sind aber nicht konkret, sondern in Andeutungen oder Hinweisen versteckt. Die Partnerin fühlt sich für ihn verantwortlich, und die Beziehung wird auf diese Weise stabilisiert. Oder Frau S.: Sie betrügt ihren Partner immer wieder mit wechselnden Beziehungen. Der Partner fühlt sich gekränkt, ist aber aufgrund seiner sexuellen Abhängigkeit unfähig, die Beziehung zu beenden. Je länger er das verletzende Verhalten akzeptiert, um so abhängiger wird er sich fühlen. Umgekehrt wird das Gefühl der Überlegenheit bei Frau S. sich verstärken. Obwohl sie im Grunde der Beziehung überdrüssig ist, verläßt sie ihn nicht, da sie sich zu einem eigenständigen Leben nicht in der Lage fühlt.

So wird nach Belieben Nähe oder Distanz hergestellt. Mit Hilfe der Psychospiele werden andere berechenbar, das gibt eine Scheinsicherheit. Auf diese Weise ist es auch möglich, für ständige äußere Unruhe zu sorgen. Damit lassen sich innere Unruhe und archaische Ängste überdecken, Leere und Einsamkeit kompensieren. Auch wenn der Partner mit Wut, Kampf und Zurückweisung auf diese Form der Manipulation und des Terrors reagiert, ist der Hauptzweck erreicht: er reagiert. Negative Zuwendung, das heißt Ablehnung, ist etwas sehr Vertrautes und erscheint auf eigentümliche Weise sicherer als positive. Menschen, die am Borderline-Syndrom leiden, fühlen sich am Rande des Abgrundes immer sicherer als auf festem Untergrund.

Sie verspüren fast ständig inneren Groll, Zorn, Verdruß, Unzufriedenheit, Aggressionen, Haß oder ähnlich negative Gefühle, ohne daß es hierfür eine aktuelle Ursache geben muß. Es sind unbewältigte Konflikte, die an die Oberfläche drängen und Verstimmungen verursachen. Da diese Probleme nicht innerhalb der eigenen Persönlichkeit zu bewältigen sind, müssen sie auf andere projiziert werden, an denen sie beharrlich bekämpft werden. Wie auf eine Leinwand projizieren diese Menschen ihre inneren Konflikte in Beziehungen, nicht nur in den Partner, sondern auch in Mitarbeiter am Arbeitsplatz und allgemein auf Mitmenschen. Indem diese für das innere Chaos verantwortlich gemacht werden, versuchen Betroffene sich zu entlasten. Der Lösung ihrer Probleme kommen sie in der Weise jedoch keinen Schritt näher.

Borderline-Störung und Karriere

Mit viel Energie, nicht selten in Form einer ausgeprägten Arbeitssucht, wird am Erreichen bestimmter Ziele gearbeitet. Positionen werden erlangt, ein bestimmter Status oder finanzielle Werte werden mit größter Zähigkeit erarbeitet. Dabei ist immer wieder zu beobachten, daß diese auf exzessive Weise geschaffenen materiellen oder ideellen Werte in kürzester Zeit wieder zerstört werden müssen. Aufstieg und Abstieg vollziehen sich in rascher Folge.

Borderline-Störung und Sucht

Das innere Chaos, verbunden mit extrem negativen Gefühlen wie Leere, Wut und Haß, ist der Hintergrund eines nicht selten exzessiven Suchtmittelkonsums. Bevorzugt werden dämpfende Substanzen wie Alkohol, Beruhigungsmittel und Heroin eingesetzt. Präparate mit euphorisierender Wirkung wie LSD, Kokain, Amphetamin werden nur sporadisch eingenommen, denn diese können zu einem Zusammenbruch der ohnehin schwachen Ichgrenzen führen und Horrortrips auslösen.

Borderline-Persönlichkeiten sind nicht selten abhängig von sogenannten nichtstoffgebundenen Süchten. Hierzu gehören Eß-, Magersucht und Bulimie (zwanghaftes Essen und Erbrechen), aber auch Spielsucht, Sexsucht, Arbeitssucht usw. Eine Psychotherapie der Borderline-Störung, die das Suchtproblem unberücksichtigt läßt, ist zum Scheitern verurteilt, da die Sucht immer stärker ist. Erst wenn Abstinenz vom Suchtmittel erreicht und durch Krankheitseinsicht eine stabile Motivation gegeben ist, die Abstinenz beizubehalten, kann mit einer psychotherapeutischen Behandlung der Borderline-Störung begonnen werden. Liegt ein Suchtverhalten vor, ist eine stationäre Entwöhnungsbehandlung der geeignete Beginn therapeutischer Maßnahmen.

Zur Therapie der Borderline-Störung

Die Therapie der Borderline-Störung ist immer schwierig und fordert besonders Psychotherapeuten mit wenig Therapieerfahrung nicht selten bis an die Grenze der Belastbarkeit. Je nach Schwere der Störung ist zunächst eine stationäre Therapie angemessen, damit eine ausreichende Stabilisierung erreicht werden kann. Diese ermöglicht erst das Arbeitsbündnis mit einem ambulanten Therapeuten.

Es ist wichtig, daß Borderline-Patienten zu Beginn einer Therapie über ihre Störung ausführlich informiert werden. Die intensiven negativen Emotionen und das zerstörerische Verhalten als Symptome einer frühkindlichen Störung zu verstehen, wirkt entlastend und verbessert in der Regel die Motivation für eine Therapie.

Ziel der Therapie ist es, dem Patienten vom Chaos zur Struktur zu verhelfen. Die therapeutische Beziehung eignet sich besonders dazu, eine Borderline-typische Beziehung zu erzeugen. So versuchen diese Patienten, mit dem Therapeuten eine symbiotische Beziehung herzustellen. Sie werden zu Beginn der Behandlung den Therapeuten oft idealisieren und ihn zum Retter auserwählen. Dabei geht es ihnen vor allem darum, daß er sie vor einer «bösen» Welt schützt, und dieser Rolle hat er gerecht zu werden. Unterschwellig bleibt beim Patienten aber ein intensives Mißtrauen erhalten. Wird es aus irgendeinem Grund aktiviert, kann die Idealisierung sehr schnell ins Gegenteil kippen. Die frühe pathologische Beziehung zur Mutter oder zu einer engen Bezugsperson wird unweigerlich wiederholt. Typisch ist, daß Borderline-Patienten den Therapeuten auf seine Verläßlichkeit testen und ihn in diesem Sinn auch provozieren. Mitunter ist ihr Verhalten nicht eindeutig, was zu Mißverständnissen führen kann. Beschimpfungen, aggressive und ablehnende Verhaltensweisen können auch Ausdruck von Zuneigung sein.

Einzig die unerschütterliche Haltung des Therapeuten, der darauf beharrt, daß die tiefen Wut- und Haßgefühle überwunden werden können, ist hilfreich. Dazu gehört auch, daß der Patient den Therapeuten als Menschen mit Schwächen erleben kann. Dadurch wird der Realitätsbezug verbessert. Das Ziel ist die Auflösung der Spaltung zwischen «nur gut» und «nur böse», indem Zwischentöne wahrgenommen werden. Insbesondere sind die immer auch vorhandenen positiven Seiten, die Fähigkeiten, die Stärken und Begabungen der Persönlichkeit zu würdigen und für den therapeutischen Prozeß zu aktivieren. Allmählich lernt der Patient den Therapeuten als «normalen» Menschen kennen und schätzen.

Der sexuelle Mißbrauch

«Es fällt mir schwer, den Horror meiner Kindheit anzunehmen. Ich fühle mich verlassen und verraten. Und sehr verletzt. Ich möchte, daß alles anders gewesen sein sollte, und würde am liebsten das verletzte Kind umbringen. Habe ich als Kind etwas falsch gemacht? Hätte ich es anders machen können? Wäre ich dann unbeschädigter davongekommen? Quälende Fragen, auf die ich keine Antwort weiß.»

Der millionenfach stattfindende sexuelle Mißbrauch an Mädchen, aber auch an Jungen unterliegt einer gesellschaftlichen Verdrängung. Viele selbsternannte Experten sehen in den Medienberichten ein Modethema und wollen das wahre Ausmaß sexueller Ausbeutung nicht wahrhaben. Tatsache ist, daß darin eine Quelle unsäglichen psychischen Leids zu finden ist. Sexueller Mißbrauch erschüttert das Vertrauen eines Kindes in die Welt bis in die Wurzeln seiner Existenz. Nicht selten ist sexueller Mißbrauch mit roher Gewaltanwendung und extremem Geheimhaltungsdruck verbunden und wird als lebensbedrohlich erlebt. Das Kind ist dem übermächtigen Täter hilflos ausgeliefert, jeder Widerstand ist letztlich unmöglich. Sexueller Mißbrauch ist eine radikale Verletzung der Menschenwürde, der Selbstbestimmung und der eigenen Identität. Körper, Geist und Seele werden überwältigt, und der Organismus flüchtet in einen Schockzustand. Das Kind trennt sich (dissoziiert) von sich selbst und von der Welt. Es erlebt sich außerhalb seines Körpers, wird zum Beobachter des Geschehens und spaltet so Angst und Schmerz ab. Es ist zutiefst verletzt und verwirrt und kann das Geschehene psychisch nicht verarbeiten.

Die Wucht der emotionalen Verletzung kann die gesamte Persönlichkeit nachhaltig schädigen. Vielfältige Störungen der Persönlichkeitsentwicklung sind die Folge. Das Kind wird zu einem mechanisch gehorsamen Wesen. Es ist gezwungen, jeden Widerstand aufzugeben, und muß sich mit dem Aggressor, dem Täter, identifizieren. Es muß förmlich jeden Gedanken, jeden Wunsch von ihm erahnen und sklavisch ausführen. Eigene Gefühlsäußerungen wie Wut, Haß, Ekel, Zurückweisung sind zu unterdrücken. Sie werden abgespalten, damit sie nicht mehr gefühlt werden. Fortan führen sie ein Eigenleben mit nachhaltig negativen Folgen.

Die Identifikation mit dem Täter führt dazu, daß sich das Kind selbst schlecht, schuldig, verwerflich und schmutzig fühlt. Es beginnt, sich selbst für das Erlebte zu bekämpfen. Der Körper, dem all diese abscheulichen Dinge zugefügt wurden, wird zum Feind.

Sehr früh wurden die Grenzen der Persönlichkeit verletzt und zerstört. Weil die Fähigkeit, sich angemessen zu verteidigen, zerstört wurde, vermögen andere nach Belieben die Grenzen zu verletzen, ohne daß Betroffene sich wehren können. Ohne therapeutische Hilfe ist die Gefahr groß, daß sexuell mißbrauchte Menschen in abhängige, gewalttätige und von sexuellen Übergriffen geprägte Beziehungen geraten. Sie sind unfähig, sich hieraus zu befreien, weil sie sich wie damals in der Kindheit gelähmt fühlen. Vielfach ist eine regelrechte Opferidentität zu beobachten.

Weitere Folgen sexuellen Mißbrauchs können Eßstörungen, Suchterkrankungen, selbstverletzendes Verhalten, Sexualstörungen, Promiskuität, zwanghaftes Denken an Suizid oder Suizidversuche, Flucht in eine Phantasiewelt, erhöhte Erregung, Waschzwänge sein.
Besonders in nahen Beziehungen werden die unverarbeiteten Verletzungen wieder lebendig, oft in Form von plötzlichen Erinnerungsfetzen oder plötzlichen Körper- und Gefühlsreaktionen wie Ekel, Schmerz, Wut, Angst und Panik.
Opfer von sexuellem Mißbrauch bezeichnen sich mitunter als «Überlebende», denn was dabei geschieht, ist «Mord» an der Identität der Betroffenen. In der Fachliteratur hat sich als treffende Bezeichnung der Begriff «Seelenmord» etabliert. Wenn die Seele zerstört wurde, ist das Leben eine Qual, und jeder, der mit diesen Menschen lebt oder arbeitet, muß erleben, daß ihr Leben mitunter an einem seidenen Faden zu hängen scheint. Ich selbst mußte mich erst vor kurzem damit abfinden, daß eine Patientin ihr Leben nach mehreren Therapieversuchen gewaltsam beendete.
Die Opfer sexuellen Mißbrauchs haben sich in Selbsthilfegruppen und Selbsthilfeorganisationen zusammengeschlossen. Solche Selbsthilfegruppen haben sich als sehr wirksam erwiesen.

Zur Therapie der sexuellen Traumatisierung

Sexuell mißbrauchte Menschen haben mehr oder weniger das Vertrauen in das Funktionieren der Welt verloren. Deshalb ist es besonders wichtig, ihnen eine verständnisvolle Haltung entgegenzubringen, ohne daß Hilfe aufgedrängt wird. Nur eine sichere und vertrauensvolle Umgebung schafft die Voraussetzungen für eine positive Entwicklung. Die Mauer des Schweigens, hinter die das Leid durch die tief verinnerlichte Angst vor dem Reden verbannt wurde, muß durchbrochen werden, wenn eine Therapie erfolgreich sein soll.

Die Fähigkeiten der Betroffenen zur Bewältigung des Traumas sollen gestärkt werden mit dem Ziel, die traumatischen Erfahrungen in die persönliche Entwicklung zu integrieren. Der Tendenz, die Abspaltung aufrechtzuerhalten und das Geschehene weiterhin als nicht zur eigenen Person gehörend zu erleben, soll durch die Therapie entgegengewirkt werden. Zerstörte Grenzen wollen in mühevoller Arbeit wieder errichtet werden, und die Opferidentität ist zu bearbeiten. Mißbrauchten Menschen fällt es meist schwer, sich zu wehren, zu ungerechtfertigten Forderungen *nein* zu sagen und eine unbeschwerte Sexualität zu leben.

Das Reden über die traumatischen Erfahrungen kann in Therapiegesprächen, Therapiegruppen und Selbsthilfegruppen stattfinden. Partner sind mit in den therapeutischen Prozeß einzubeziehen, da sie oft selbst mit den Schwierigkeiten, die sich aus der Mißbrauchserfahrung ergeben, überfordert sind. Fast immer treten in der Partnerschaft Sexualstörungen auf, und eine Sexualtherapie ist zu erwägen. Bewährt haben sich therapeutische Verfahren, die den Körper miteinbeziehen (Körpertherapie).

Die Kindesmißhandlung

> «Manchmal sehe ich ihn über mich gebeugt. Wie er mit wutverzerrtem Gesicht auf mich einschlägt. Immer wieder. Ich sehe den Stock – wie er auf mich niedersaust. Dann schreit in mir das verletzte Kind. Ich fühle das Schreien, aber ich habe vergessen, wie man darüber weint.»

Die körperliche Mißhandlung von Kindern ist ein Problem aller sozialen Schichten, keineswegs nur der unteren. Hintergrund der Kindesmißhandlung ist häufig, daß die Eltern selbst Opfer von exzessiver Gewalttätigkeit seitens ihrer Eltern waren oder zumindest selbst starke Abwertung oder Ablehnung erfahren haben. Tief im Innern dieser Menschen finden wir Wunden, die nicht heilen konnten. Verstehen läßt sich die Kindesmißhandlung am ehesten so, daß Eltern diese eigenen verletzten Anteile auf das Kind projizieren und sie dort bekämpfen. Die aufgestaute Wut und die Ohnmacht über die Mißhandlung suchen ein Ventil und finden es unglücklicherweise darin, die erfahrenen Demütigungen und Verletzungen an die eigenen Kinder weiterzugeben. Die blinde Wut, die Eltern zum Stock greifen und auf ihr Kind einschlagen läßt, hat ihren Ursprung in einer seit Kindheit angestauten Wut über die Unmöglichkeit, sich zu wehren.
Von seiten des Kindes sind immer (Abwehr-)Mechanismen erforderlich, um mit der mitunter als lebensbedrohlich erlebten Grausamkeit fertig zu werden. Eine Möglichkeit, die

Mißhandlung zu ertragen, besteht darin, dem Täter recht zu geben, so als habe man die Peinigung verdient und sei schuld am «Ausrasten» des Elternteils. Nicht selten identifiziert sich das Kind mit dem «Bösen», das in es hineingeprügelt wurde, fühlt sich schuldig oder leidet unter extremen Aggressionen, die es nicht beherrschen kann, und wird dann selbst gewalttätig.

Oft hat die Kindesmißhandlung für die Familie entlastende Funktion. Wut und Aggressionen, die Eltern füreinander empfinden, werden zumindest teilweise am Kind abreagiert, und die Angst vor Trennung oder Scheidung wird gemildert. Das Kind zahlt den Preis mit emotionaler Ausbeutung und körperlicher Mißhandlung.

Die Folgen solcher Mißhandlung sind mitunter ähnlich dramatisch wie bei sexuellem Mißbrauch. So kann es zu einem Abspalten der Schmerzgefühle und der Angst kommen, was schwerwiegende Folgen für das Selbstgefühl hat. Es werden vor allem die Persönlichkeitsanteile zerstört, die ein Mensch benötigt, um sich selbst anzunehmen und zu lieben. Konnte die Mißhandlung emotional nicht verarbeitet werden, bleiben Symptome wie Ängste, Leeregefühle, übertriebene Schreckreaktionen, Konzentrationsschwierigkeiten, Schlafstörungen, Reizbarkeit oder Wutausbrüche, eine feindliche oder mißtrauische Haltung der Welt gegenüber, sozialer Rückzug, Fremdheitsgefühle.

Die Zwölf-Schritte-Gruppe

> «Als ich ein paar Tage in einer anderen Stadt bin, stoße ich auf ein Zwölf-Schritte-Meeting, in dem Leute sind, die eine Borderline-Störung haben. In diesen zwei Stunden glaube ich, daß die anderen von mir sprechen, wenn sie von sich etwas erzählen. Im Gegensatz zu den verschiedenen anderen Meetings, wo ich ab und zu in den Beiträgen etwas wiederfinde, was ich auch kenne, habe ich in dieser Gruppe zum ersten Mal das Gefühl: Hier gehöre ich her.»

Therapie und Selbsthilfe müssen sich ergänzen. Selbsthilfegruppen sind sehr wichtig für die Volksgesundheit. Allein die Anonymen Alkoholiker haben weltweit über zwei Millionen Mitglieder, die vielfach auf jahrelange Abstinenz von Suchtmitteln zurückblicken können, oft ohne Therapie.

Ein Aspekt erscheint mir besonders bedeutsam: Die Gruppe muß die Funktion der Eltern übernehmen. Die entscheidenden Personen der frühen oder auch der späteren Kindheit – die Eltern oder diejenigen, die diese Rolle innehatten – konnten die Grundbedürfnisse nach Zuneigung, Sicherheit, Unversehrtheit und Liebe nicht in ausreichender Weise befriedigen. Und der häufige Versuch, das Manko in abhängigen Beziehungen zu heilen, was manchmal zu einer regelrechten Beziehungssucht führt, ist zum Scheitern verurteilt. Eine gute Selbsthilfegruppe vermag die Sehnsucht nach Annahme und damit auch nach Selbstannahme aufzufangen.

Viele Suchtkranke, insbesondere Menschen mit einer Borderline-Störung, suchen Halt und Sicherheit bei anderen Menschen in Form einer *Anklammerung.* Die Fixierung auf einen anderen soll die inneren Defizite ausgleichen und ersetzen. Dies führt zu der weiter oben beschriebenen stabil-instabilen Beziehung mit chaotischen Folgen. Demgegenüber bietet die Gruppe mit ihren festen Ritualen die Möglichkeit einer relativen Unabhängigkeit bei gleichzeitigem Angenommensein. Alle Mitglieder sind gleichberechtigt, und die Meinung jedes Mitglieds wird angehört und wertgeschätzt. Korrigierend wirkt nicht ein einzelner, sondern die Gruppe als ganze.
Ich durfte die Herzlichkeit und die Zuneigung, die heilend wirken, in den sogenannten Zwölf-Schritte-Gruppen kennenlernen. Alle diese Gruppen arbeiten nach dem spirituellen Programm der Anonymen Alkoholiker (AA). Die stabilisierende und auf Dauer haltgebende Wirkung der Gruppen nach der AA-Philosophie ist für viele Betroffene mit Sucht- und anderen Problemen eine (Über-)Lebenshilfe.
Die Arbeit an sich selbst mit Hilfe der zwölf Schritte führt zu einer Nachreifung, und Betroffene entwickeln zunehmend die fehlenden Strukturen. Qualitäten wie Offenheit, Ehrlichkeit, Gradlinigkeit, Selbstbewußtsein («sich seiner selbst bewußt sein») werden geübt, und die Gruppe vermittelt ein neues Wertgefühl.
Neben den Anonymen Alkoholikern haben sich weitere Zwölf-Schritte-Selbsthilfegruppen gebildet:

für Medikamentenabhängige
Narcotics Anonymous (NA)

für Spielsüchtige
Gambler Anonymous (GA)
für Eßsüchtige
Overeaters Anonymous (OA)
für Menschen mit emotionalen Problemen
Emotion Anonymous (EA)
für Sexsüchtige
Sexaholics Anonymous (SA)
für Menschen mit Borderline-Störung
Borderline Anonymous (BA)
für Menschen mit sexuellem Mißbrauch
Incest Survivors Anonymous (ISA)

Für die Borderline-Anonymous lauten die zwölf Schritte wie folgt:

1. Wir gaben zu, daß wir unserer Destruktivität gegenüber machtlos sind und unser Leben nicht mehr meistern konnten.
2. Wir kamen zu dem Glauben, daß nur eine Macht – größer als wir selbst – uns unsere geistige, seelische und körperliche Gesundheit wiedergeben kann.
3. Wir faßten den Entschluß, unseren Willen und unser Leben der Sorge Gottes – wie wir ihn verstanden – anzuvertrauen.
4. Wir machten eine gründliche und furchtlose Inventur in unserem Innern.
5. Wir gaben Gott, uns selbst und einem anderen Menschen die genaue Art unserer destruktiven Verhaltensweisen zu.

6. Wir waren völlig bereit, alle diese destruktiven Verhaltensweisen von Gott beseitigen zu lassen.
7. Demütig baten wir ihn, uns von unseren Mängeln zu befreien.
8. Wir stellten eine Liste aller Personen auf, denen wir Schaden zugefügt hatten, und wurden bereit, ihn bei allen wiedergutzumachen.
9. Wir machten bei diesen Menschen alles wieder gut, wo immer es möglich war, es sei denn, wir hätten dadurch sie oder andere verletzt.
10. Wir setzten die Inventur bei uns fort, und sobald wir einsahen, daß wir unrecht hatten, gaben wir es sofort zu.
11. Wir suchten durch Gebet und Besinnung die bewußte Verbindung zu Gott – wie wir ihn verstanden – zu vertiefen. Wir baten ihn nur, uns seinen Willen erkennbar werden zu lassen und uns die Kraft zu geben, ihn auszuführen.
12. Nachdem wir durch diese Schritte ein spirituelles Erwachen erlebt hatten, versuchten wir, diese Botschaft an andere Menschen mit einer frühen Störung weiterzugeben und unser tägliches Leben nach diesen Grundsätzen auszurichten.

Im ersten Schritt des Programms gibt der Betroffene zu, daß er dem Suchtmittel gegenüber machtlos ist. Bei Borderline Anonymous (BA) heißt es im ersten Schritt: *Wir gaben zu, daß wir unserer Destruktivität gegenüber machtlos sind und unser Leben nicht mehr meistern konnten.* Hier wird der Borderline-Patient darauf aufmerksam gemacht, daß er vom Destruktiven abstinent werden muß. Das Ziel ist, vollständig auf

Destruktion zu verzichten, gegen andere wie auch gegen sich selbst – für die meisten Betroffenen eine lebenslange Aufgabe. Ein weiterer Schwerpunkt des Programms besteht darin, eine positive Beziehung zu einer höheren Macht aufzubauen. Für viele Betroffene, die keine positiven Bilder von ihren Eltern in sich selbst errichten konnten, ist dies eine schwierige Aufgabe. Da es ihnen nicht gelang, ein bejahendes Bild von sich selbst zu entwerfen, haben sie es schwer, zu einem positiven Gottesbild zu finden.
Die Qualität der Selbsthilfegruppen ist unterschiedlich. Die Suche nach der Gruppe, die den eigenen Erwartungen entspricht und der Förderung der persönlichen Entwicklung dient, ist jedoch lohnend.

Zum Abschluß soll nochmals der «Gelassenheitsspruch» von Christof Friedrich Oettinger (1702 bis 1782), der Berit Anders wie auch unzähligen Mitgliedern von Zwölf-Schritte-Gruppen zum unentbehrlichen Begleiter geworden ist, wiedergegeben werden:

«Gott gebe mir die Gelassenheit,
die Dinge anzunehmen,
die ich nicht ändern kann,
den Mut, die Dinge zu ändern,
die ich ändern kann,
und die Weisheit,
das eine vom anderen zu unterscheiden.»

Heinz-Peter Röhr

Weg aus dem Chaos

Das Hans-mein-Igel-Syndrom oder
Die Borderline-Störung verstehen

Anhand des Märchens «Hans mein Igel» vermittelt der Autor einfühlsam und allgemeinverständlich das notwendige Wissen über die Borderline-Störung und ihre Heilung. Betroffene fühlen sich bei der Lektüre unmittelbar verstanden und erleichtert. Endlich wissen sie, warum sie in Beziehungen häufig scheitern, ein inneres Chaos erleben, immer wieder für Streit und Unruhe sorgen, zu Drogen, Medikamenten und Alkohol greifen, warum sie sich mitunter selbst verletzen, Alleinsein kaum ertragen können, warum es für sie nur schwarz und weiß, alles oder nichts zu geben scheint.

Heinz-Peter Röhr

Ich traue meiner Wahrnehmung
Sexueller und emotionaler Mißbrauch oder
Das Allerleirauh-Schicksal

Die Tatsache, daß Mißbrauch an Kindern in vielen Familien zur Tagesordnung gehört, ist trotz vieler Aufklärungsarbeit noch zu wenig bekannt. Die meisten Betroffenen reden niemals über das Verbrechen, das an ihrem Körper, ihrem Geist und ihrer Seele begangen wurde. Die daraus entstehende Isolation zu durchbrechen, ist Ziel des Buches. Es vermittelt anhand des Märchens «Allerleirauh» in anschaulicher Weise das notwendige Wissen über sexuellen Mißbrauch und seine Folgen sowie über Heilungsmöglichkeiten des Traumas.